陳偉著

文史哲學集成

杜甫詩學探微

文史格出版社印行

杜甫詩學探微 / 陳偉著. -- 初版 -- 臺北市：
文史哲, 民 105.01 印刷
頁; 21 公分（文史哲學集成；131）
ISBN 978-957-547-337-2（平裝）

文史哲學集成 131

杜甫詩學探微

著　者：陳　偉
出版者：文史哲出版社
http:// www.lapen.com.tw
e-mail：lapen@ms74.hinet.net
登記證字號：行政院新聞局版臺業字五三三七號
發行人：彭正雄
發行所：文史哲出版社
印刷者：文史哲出版社
臺北市羅斯福路一段七十二巷四號
郵政劃撥帳號：一六一八〇一七五
電話886-2-23511028・傳真886-2-23965656

實價新臺幣三〇〇元

一九八五年（民七十四）八月初版
二〇一六年（民一〇五）一月（BOD）初刷

ISBN 978-957-547-337-2　00131

自序

讀杜甫詩，我們上了年紀的人，每不禁從心底湧起親切感。彷彿覺得杜甫就是我們的老友、舊隣、戚族，甚或就是另一個自己，他的喜悅、悲愁，他的憐憫、憤慨，都有我的一份。這是什麼原因？宋臣李綱（註一）說得好：

蓋自天寶太平全盛之時，迄於至德、大歷干戈亂離之際，子美之詩凡千四百冊餘篇（註二），其忠義氣節、羈旅艱難、悲憤無聊，一見於詩。句法理致，老而益精。平時讀之，未見其工；迨親更兵火喪亂之後，誦其詩如出乎其時，犂然有當於人心，然後知其語之妙也。

獲此印證，於是恍然有悟，我們讀杜甫的詩，如果與杜甫的時代背景相類，生活經驗相似，自能產生更強烈、更深刻的共鳴。我們這一代，不也是遭逢世變流亡、備嘗百苦嗎？卻承杜甫這位大詩人早在千載之前，留下活生生的記錄，因此讀來如同親歷其境，古今渾然無隔。而況，我們與古人心靈相通之後，自己的「時空」，無形中得以擴大、超越，又何嘗不是人生樂事？

於是，益信天地之大，作者之衆，作品之多，惟有眞情實意始能感人。

文心雕龍體性篇闡釋這個道理說：

吐納英華，莫非情性。

明詩篇也說：

詩者，持也，持人情性。三百之蔽，義歸無邪。

意卽一切文學（英華）創作（吐納），無非出於人的性情。詩歌創作，更須「持正」；就是要把握這份天性中的眞摯之情，方符合詩經的旨趣，以溫柔敦厚而不偏邪爲依歸。

情采篇又進一步說：

情者，文之經；辭者，理之緯。經正而後緯成，理定而後辭暢，此立文之本源也。

杜甫，本其眞情至性，發而爲詩，誠乎中、形乎外，詩之感人，實卽眞情至性的感人。其情爲經，其辭爲緯，交織而成不朽的詩歌藝術，正是千古「爲情造文」的典型。情，乃係思想所依據的本質；辭，則是藝術所呈露的形相：二者偕通並用，遂滋生宇宙無窮的美景奇觀。筆者擬就此義進行探討，以明杜甫思想之所由，及其藝術之所就；大致上，仍屬文學批評的範疇。

抑且，觀人必觀其全，探討杜甫的詩學亦然，未可執持「片面理解」以證斷整體。譬如：析論杜甫反映時事的篇什之餘，亦應展示其日常生活的風貌；又如杜甫在祿山亂發前後，固多寫實主義的作品，但晚歲流寓夔州期間空前的藝術造詣，也不可遽謂趨於形式主義。不過，整體畢竟是來自部分的組合，所以對於某些小題，作「重點式」的單獨研究，亦有其必要。……以上只是我個人對於杜甫詩學的看法，雖不見得成熟，欲願循此爲從事探討的準則。

憶自少小誦詩，於三百篇獨喜國風；及長，進窺漢魏，深味乎十九首及蘇李贈答諸章；降至晉世，偏好淵明；迨夫唐代，李杜齊名；青蓮調雄語豪，放逸難蹤；而少陵之深摯纏綿，於我心每有戚戚焉。長久以來，浸潤於「詩聖」的遺澤，崇仰無已，不期而然吟成「禮讚」二首，綴此卷端，聊作心香一瓣，工拙非所計也：

其一　讀草堂詩

草堂篇什耀千秋，天下文章孰與侔？
至性眞情凝砥柱，匡時補政立中流。
三吏三別元元困，華州秦州步步憂。
畢世顚連存傲骨，徒思稷契不封侯！

其二　詠杜少陵

仁人脈息通天地，憂患長隨杜少陵。
詩蓋三唐含血淚，志匡萬乘憫黎蒸。
一時朝野誰欣賞，千載士林盡服膺。
吾亦有心思繼述，掣鯨碧海老猶能？

猶記十年前，在台北文化大樓，聆聽鄭騫老師演講「中國詩的律與韻」，對少陵所自稱「晚節漸於詩律細」，詳爲詮證，示後學以津梁；又前年臘月，聆聽姜一涵教授演講「畫眼看李白」，強調藝術的內在規律，順便推許少陵的「望岱詩」：二位先進俱頗引發我探索杜甫詩學的動機。乃自去年暑期開始，乘暇操觚，將夙昔沈積的心願，次第付諸實行。惟以汲深綆短，時繼時輟；幸蒙學長趙制陽教授、李森南教授的策勵，以及鄭明娳教授、周冠華鄉長、黃秋芳、張美金諸學棣的助蒐資料；慘澹經營，歷時朞年，卒告成草。最後，又承董金裕教授暨其夫人曹愔玉學棣推介付梓：併此誌謝！

有人說，杜詩可比一座寶山，身入其中絕不空手回。慚愧的是，我起步既遲，用力又淺，所獲簡直微不足道；僅僅掇拾些許心得，藉供教學參考而已。所幸，探掘的興趣未嘗稍減，他日再接再勵，希望能有新的突破與發現。尙祈博雅君子，不吝教正！

民國七十四年端午

陳偉識於台北坡心

註一　見「東觀餘論」校定杜工部集序。

註二　此乃杜集當時流傳之篇數。

杜甫詩學探微

目次

第一章　杜甫生平及其性情

文藝是思想情感的表現，作品與作者的生活經驗息息相關。要欣賞作品，不能不了解作者生平的遭際。早在二千餘年前，孟子卽持此主張，嘗云：「讀其書，而不知其人，可乎？」十九世紀，法人泰納（H. Taine）亦有類似之說：「造成各國文學的主動力，是時代、環境、與民族性。」必先了解此三事，始能了解一國的文學。聖甫博（C.A. Saint-Beuve）還補充一個因素，就是作者自己的個性。於是，西方學者相率從傳記入手，以研究文學。此外，「佛洛伊德派」（Freudism）心理學者，亦看重作者生平與作品的關係。他們以爲文藝是慾望的滿足，作者由於不滿意於現實世界，纔創造理想世界以彌補缺陷。因此，要了解作品，必先了解作者的內心生活，尤其是潛意識，此乃性情之所自出也。

作家的性情，雖隱藏於內心，而文辭則顯現於外表，所謂「誠於中，必形於外」，如響斯應，無或爽失。是故詩大序云：「詩者，志之所之也。在心爲志，發言爲詩。情動於中，而形於言。」文心雕龍明詩篇云：「詩者，持也，持人之情性。三百之蔽，義歸無邪。」英國獨・昆雪（De-Quincey

）文學論云：「文學之作用，在於感人。而其所以入人深、動人烈，具有非常之魔力者，由於作者將其個人極眞極深之情感，溶入作品之中。」……以上諸說，皆足以證明「眞情至性」，爲創作文章之根本要素。杜甫之所以爲杜甫，號稱「詩史」「詩聖」者，卽以此「眞情至性」爲生命力，亦爲其作品之核心。我們研治杜甫詩學，自當先行透視杜甫生平，明其所系家族、所處時代、所歷環境，與其性情特質等，從而對其作品纔能有較深切而客觀的了解，而不致有如霧裡看花、或隔靴搔癢之遺憾。

杜甫，字子美。其十三代祖杜預，京兆杜陵（陝西長安縣東南）人。預字元凱，晉武帝時爲鎭南大將軍，伐吳有功，封當陽侯；博學多通，時號「杜武庫」。自謂有「左傳癖」，所著春秋經傳集解，傳誦至今。十二代祖尹（預之少子），嘗遷居襄陽。自六世祖叔毗，已爲襄陽人。曾祖依藝，終河南鞏縣令，遂世居鞏縣。祖審言，是初唐有名詩人，武后時任著作郎，與李嶠、崔融、蘇味道爲「文章四友」。父閑，爲朝議大夫、兗州司馬，終奉天（陝西乾縣）縣令。母崔氏，於睿宗太極元年（公元七一二）生子美於鞏縣之瑤灣。——由上所述，可知子美自署「杜陵布衣」，又稱「少陵野老」（因杜陵縣東南有一陵稍小，謂之少陵。）而唐書則云「甫爲襄陽人」，皆有所由也。子美後來流寓成都浣花溪時，自築有草堂，鄰近草堂寺，故其詩亦稱「草堂詩」。肅宗之世，曾拜官「左拾遺」；劍南節度使嚴武嘗保擧他作「工部員外郎」：世又稱其爲「杜拾遺」或「杜工部」。

子美系出名門士族，先人「承儒守官」（新唐書本傳）。七歲學詩，九歲習虞世南書法；十二歲以母早世，寓洛陽姑母家，姑母愛之勝於己子；十四五歲卽與文士交遊，互有唱和，崔尚、魏啟心等稱其「文似班揚」。値此少年時期，「讀書破萬卷」，致力學業，正爲日後作品深植根基。十九歲，漫遊豫北晉南一帶；廿歲南遊吳越，遍訪姑蘇、錢塘、會稽、剡溪各處勝境，生活逍遙快意。三、四年後，返回故鄉鞏縣。赴開元廿三年（七三五）之進士考試，落第，時年廿四歲。乃復出遊，北至齊趙，省父於兗州（任司馬），識高適於汶上，其壯遊詩所謂「放蕩齊趙間，裘馬頗清狂」，蓋即此時。開元廿九年（七四一），由山東回洛陽，與司農少卿楊怡之女結婚，時年卅歲。三年後，初識李白於東都，結成至友。因在洛陽所見宦海中之勾心鬥角，頗感憎惡，故贈李白詩云：「二年客東都，所歷厭機巧」。乃與李白相偕重遊齊魯；至濟南得識北海太守李邕，邕賞其才。半載之後，李白東遊之吳，子美西入長安；寓居杜曲，時年約卅五歲。頻年漫遊之感想，不免爲：「適越空顚躓，遊梁竟悽慘」。（贈張垍）。因在京師落魄，祖產消耗漸盡，遂致「殘杯與冷炙，到處潛悲辛。」（奉贈韋左丞）

天寶初，玄宗頹隳，朝政日趨下游，子美感慨，欲「致君堯舜上，再使風俗淳」，亟思在長安謀職上進。天寶十年（七五一），獻「三大禮賦」（朝獻太廟宮賦、朝享太廟賦、有事於東郊賦），明皇奇之，使待詔集賢院。翌年，命宰相試文章，送隸有司，參列選序。人多官少，仍無結果。天寶十四年（七五五），始授河西尉（階級是「從九品下」）。以官小俸薄，恥於就職，改任右衞率府參軍（正九品下），時年四十四歲。子美心情鬱鬱，生活艱窘，數上賦頌，高自稱道。嘗云：「先臣恕、預以來，承儒守官。十一世迨審言，以文章顯中宗時。臣賴緒業，自七歲屬辭，且四十年。然衣不蓋體，常寄食於人，竊恐轉死溝壑，伏維天子哀憐之。若令執先臣故事，拔泥塗之久辱，則臣之述作，雖不足鼓吹六經，先鳴數子；至沈鬱頓挫，隨時敏給，揚雄、枚臯可企及也。」此時子美困守長安已十載矣。

十載困窮失志的生活，養成詩人深刻的觀察力，感知當日的太平盛世，骨子裡已經腐爛不堪，原來玄宗荒淫，濫用征伐；豪門驕奢，百姓愁苦，正潛伏嚴重的危機。於是有兵車行、麗人行、奉先詠懷等詩篇以揭露時弊。是年（七五五）十一月，子美往奉先省家，而霹靂一聲，安祿山竟然造反了！十二月，洛陽失陷；翌年（七五六）六月，潼關失守，長安亦破，玄宗幸蜀。

兵荒馬亂，生靈塗炭之中，子美携家逃至鄜州，寄居城北羌村。聞肅宗卽位靈武，微服奔往晉謁；中途爲賊所得，驅之至長安。幸無聲望地位，不受胡人注意，得以設法隱避。至德二載（七五七）四月，逃出長安，至鳳翔，謁肅宗，授左拾遺（正八品），時年四十六歲。任務爲供奉諷諫，扈從乘輿。由於子美與宰相房琯爲布衣交，琯奉命收復兩京，兵敗遭讒，受罷職處分；子美抗疏救之，措辭激烈，觸怒肅宗，幾至得罪。此時天下浩刼，所在寇奪。子美家寓鄜州，彌年艱窶，孺弱慘至餓死。因許子美自往省視，此行有北征等詩，以記民間兵禍及妻子貧苦之情狀。是年冬十月，首都肅清，肅宗還京，子美亦携眷回長安供職。時，賈至、王維、岑參皆在諫省，常共酬唱。

子美因坐琯黨，貶至華州任司功參軍（正九品），爲乾元（七五八）六月；此時寇兵蔓延，民間疾苦益甚。其冬，順便回鞏縣故里。翌年（七五九）春，官軍敗於相州，退守洛陽，子美復返華州；其三吏、三別等寫戰亂的名篇，皆沿途目覩寫實之作。子美感於宦途黯淡，己又身卑職小，匡時素志無可施展；七月，値關輔饑饉，輒棄官西去。携家度隴，作客秦州，負薪、採橡栗以自給。居不滿四月，生活愈陷困難，乃轉赴同谷寄寓。因蜀地物產豐富，局面亦較平靜，復流徙成都。路經之苦，皆有詩以紀。

子美至成都，爲乾元二年（七五九）臘下，時年四十八歲。先居西郊浣花溪寺，不久，便由親朋資助，在浣花溪畔營建草堂，以作棲身之所。種竹栽松，以增其趣。連年奔波流亡，至此稍得從容安定，可以縱酒嘯咏，時或與田夫野老相狎蕩，心情似頗閒適。

上元二年（七六一）十二月，朝廷派嚴武爲成都尹，兼劍南兩州節度使，因往依之。武以世舊，禮待子美甚隆。但好景不常，翌年寶應元年（七六二）代宗卽位，七月召嚴武入朝；蜀中軍閥作亂，子美又重度流亡生活。初至梓州，轉至閬州。雖因嚴武入朝之薦，召補京兆功曹參軍（正七品），但子美在蜀，未卽前往。代宗廣德二年（七六三），吐蕃一度入寇長安。嚴武再帥劍南，子美還歸成都任武幕僚，武表其爲節度參謀檢校工部員外郎（從六品）。嚴杜交誼非比泛泛，子美贈詩多首，皆有知己之感。

代宗永泰元年（七六五）五月，嚴武死於任所，子美失卻憑依。在浣花溪畔，先後五年半之寓居生活遂告結束，詩人已五十四歲矣。自安史之亂發生以來，詩友王維、李白、房琯、鄭虔、高適、蘇源明等，數年之間相繼零落，子美此際中心感傷不已。乃賦別草堂，於五月杪乘舟東下，九月至夔州以西之雲陽。其旅夜書懷：「名豈文章著，官應老病休」，卽反映此時感想。子美夙有肺疾，至雲陽病發，乃稽留養痾。次年（七六六）遷往夔州，居二年，周覽峽中名勝古蹟，詩境益臻高妙。秋興八首及詠懷古蹟五首，可爲代表。

大曆三年（七六八），出瞿塘，寓江陵，徙公安，至岳州。舟次漂泊，貧病交迫。明年，自岳州泝湘水，適潭州。又明年（七七〇）夏，避臧玠亂，入衡州，探南嶽。繼而欲往郴州依舅氏崔偉，因客耒陽，停泊於方田驛。大水暴至，涉旬不得食，縣令聶某具舟迎之，爲設牛炙白酒；大醉，一夕卒。（新舊唐書本傳皆如此云）惟事出突然，人率不信，頗有爲之辯解者。折中之餘，大致謂子美扁舟北歸荊楚，卒於途次，旅殯岳陽。時在大曆五年（七七〇）秋冬之際，享年五十九歲云。

由上文的大略敍述，可知杜甫一生，始終展轉於窮困憂患，與時代的變動、黎民的命運，互相密切關連。他歷經玄宗、肅宗、代宗三朝，這五十多年中，唐朝由盛世轉入動搖衰敗：前有安史的大亂，後有吐蕃的入寇，京城陷落，天子蒙塵；至於刺史邊將的小禍患，更是不勝枚舉。整個社會，長年在戰爭與飢餓的威脅下，杜甫的身世與作品，遂成爲時代的鏡子，兆民慘痛生活的寫眞。他念念不忘君國與民生，不能以陶潛的潔身自愛爲滿足，也不能以李白的縱慾快樂爲滿足。他絕非超脫現實、神遊世外的仙人隱士之流，而是一位深入社會、有實際生活體驗的詩人。所以，從創作的角度而言，杜甫的整個飄泊生活，亦未始不可稱爲長期的「創作出差」。梁啟超論杜甫云：

杜工部被後人上他徽號叫做「詩聖」。詩，怎麼才稱「聖」，標準很難確定，我們也不必輕易附和。我以爲工部最少可以當得「情聖」的徽號，因爲他的情感的內容，是極豐富的，極眞實的，極深刻的。他表情的方法又極精練，能鞭辟到最深處，能將他全部完全反映不走樣子，能像電器一樣，一振一盪打到別人的心絃上。中國文學界的寫情聖手，沒有人比得上他，所以我叫他「情聖」。

劉勰云：「昔詩人篇什，爲情而造文。」詩之構成，除情感之外，最需仰仗表現力的强度，務期輻射之廣，滲透之深。然而情感的可貴處，不在寫一己的喜怒哀樂，而尤在能憂人之憂、樂人之樂，爲人類全體作代言人，道出所有百姓的心聲。杜甫集中，對於時事痛哭流涕的作品，幾乎佔四分之一，此不僅在文學上有價值，而且在史料上有絕大價值。他深切的同情，形成「乾坤多瘡痍，憂虞何時畢」的胸襟；眞有人類苦難不已，而憂虞隨之的宗教家精神，仲尼、耶穌、釋迦，還不是從這等偉大精神出發的嗎？千古的詩人，不止工部一人如此；千古的詩作，能震撼世人心魂者，亦無不如此。不自私的情感才可貴，才高尙。所以，杜甫的「詩聖」緣於「情聖」，應是正確切實的論評。

杜甫極具熱腸，同時又極有個性，從小就心高氣傲，不肯趨承權貴。詩道：「以茲悟生理，獨恥事干謁。」（奉先詠懷）又說：「白鷗沒浩蕩，萬里誰能馴？」（贈韋左丞）可以見其氣概。嚴武任四川節度使，杜甫當流離困躓之頃去投奔，然而不肯趨承將就，曾經不止一次衝撞，幾乎嚴武亦容不下他。「性豪業嗜酒，嫉惡懷剛愎；飲酣視八極，俗物都茫茫。」這是子美胸中天眞畢露，宜其孩弄嚴武，藐視禮法；而另一方面，子美常與田夫野老，相狎莫逆。其內直外曲，强禦不畏，矜寡不侮，誠非世俗所能窺測；新唐書本傳稱甫「放曠不自檢」，不失爲中肯之論。

杜甫固然「放曠不自檢」，李白又何嘗不然？甚且遠過之而爲杜甫所不能及。此種浪漫特質，絕不適於做官，或許就是詩人所以爲詩人之要件乎？然而，杜甫終能收束、不失自我，一旦面臨天下板蕩，朝廷播遷，便毅然決然，不辭湯火，奔赴行在；而李白不能，王維、鄭虔陷賊亦不能。孔子所謂「臨大節而不奪」，子美足以當之。雖然他在政治上，求爲大臣而不可得，卻能在詩壇上名垂千古而被尊爲「詩聖」！

杜甫集中，有「佳人」一詩，可以當作他人格的象徵：

> 絕代有佳人，幽居在空谷
> 自言良家子，零落依樹木……
> 在山泉水清，出山泉水濁
> 侍婢賣珠回，牽蘿補茆屋
> 摘花不插髮，采柏動盈掬
> 天寒翠袖薄，日暮倚修竹

這位佳人，身分非常名貴，境遇非常可憐，心地非常溫厚，性格非常高抗，這應該就是杜甫本人的自我寫照吧？

第二章　海涯百川兼涵衆長

——杜甫詩學淵源之一

中國是一個「詩」的國家！自從有文字記錄起，三千多年來，詩歌的吟詠就一直繩繩相繼，詩的體裁也不斷在演進，在翻新。

在這優越的歷史條件下，在這豐富而多彩的詩歌遺產的基礎上，纔出現唐朝這樣一個「詩」的黃金時代。唐詩的代表作家，世稱「李、杜」，而杜甫則是古今大多數人所公認的第一位大作家。杜甫的詩，深宏博大，有唐一代無出其右；存留傳世者，今計有一千四百五十七首。以唐代詩人來比較，數量雖未及白居易的三千八百四十首，卻超過李白的九百九十四首，王維的四百餘首。當然，單憑數量不足以論定一個作家的成就與價值，必須就作品本身來衡鑑，並視其對後世的影響程度，從而判別其地位的高下。

杜詩，就體裁言，無體不備；就詩法言，無法不具。元稹撰「唐故檢校工部員外郎杜君墓係銘序」，稱譽杜甫的詩歌成就，說：

……好古者遺近，務華者去實；效齊、梁，則不逮於魏晉，工樂府則力屈於五言；律切則骨格不存，閒暇則纖穠莫備。至於子美，蓋所謂上薄風騷，下該沈宋，言奪蘇李，氣吞曹劉，掩顏謝之孤高，雜徐庾之流麗，盡得古人之體勢，而兼今人之所獨專矣。……詩人以來，未有如子美者。

於是，推少陵於太白之上，而許爲獨步今古，尊爲中國詩壇的宗師。

到了宋代，孫僅贈杜工部詩集序，讚以「眞粹之氣」，說：

……公之詩，支而爲六家，孟郊得其氣焰，張籍得其簡麗，姚合得其清雅，賈島得其奇僻，杜牧、薛能得其豪健，陸龜蒙得其贍博，皆出公之奇偏耳，尚軒然自號一家，……矧合之乎！風騷而下，唐而上，一人而已。

孫氏之言，需加以補充者，則是「六家」之外，猶有李商隱，亦師承少陵，獨得其穠麗。

稍後，秦觀進一步推重少陵，說：

杜子美之於詩，實集衆流之長，適當其時而已。昔蘇武、李陵之詩，長於高妙；曹植、劉公幹之詩，長於豪邁；陶潛、阮籍之詩，長於冲淡；謝靈運、鮑照之詩，長於峻潔；徐陵、庾信之詩，長於藻麗。於是，子美窮高妙之格，極豪邁之氣，包冲澹之趣，兼峻潔之姿，備藻麗之態，而諸家之作，所不及焉。然不集諸家之長，子美亦不能獨至於斯也，豈非適當其時故耶？

從元稹到孫僅、秦觀，說法不同，意思則一，就是說杜甫能「兼綜衆長」。楊萬里贊美他「聖於詩」，聖是無所不能，與蘇軾、秦觀所說的「集大成」，含義相近。但筆者以爲其間亦稍有歧異處，譬如單就「陶、阮」一端而言，元稹未見道及，秦觀則不遺標舉；按之實際，杜甫入蜀以後的作品，亦頗不乏沖澹之致。淸人趙翼甌北詩話，以爲：

少陵眞本領，仍在少陵詩中「語不驚人死不休」一語，蓋其筆力豪勁，足以副其才思之所至，故深人無淺語。

相較之下，元稹、孫僅、秦觀各所持論，都認爲少陵專以學力集大成，趙翼則着眼於他的藝術造詣。

歷來評論杜甫之詩者，林林總總，難以徧擧，莫不尊崇備至，惟大率附和元稹之說而推衍之。新唐書則許之爲「詩史」，近人梁啟超讚之爲「情聖」，現代人稱他爲「社會派寫實主義」的詩家。儘管宋人楊億不喜杜甫詩，詆之爲村夫子；歐陽修亦不甚欣賞杜甫，而尊韓愈爲絕倫；明人王愼中、鄭繼之等，皆嚴斥杜甫，可是杜詩的價値，並不受損絲毫。雖然杜甫之外，屈原、李白，也都是光燄萬丈，實則杜甫的堂廡最大。可見元稹、孫僅、秦觀諸賢對杜甫的評價，並不誇張。綜觀「詩經」以降，二千多年的文學史，我們會發覺；杜甫底確繼承、超越了前人，同時啟發、籠罩了以後千百年的詩運。

明人方孝孺論詩，有云：「擧世皆宗李杜詩，不知李杜又宗誰？能探風雅無窮意，始是乾坤絕妙辭。」李白暫且不談，而欲追溯杜甫「上薄風雅，下該沈宋」的源流，或不免困難，但也不甚困難。困難者，是因爲前人大多數的作品，經杜甫之爬羅、鎔鑄、翻新，殆無痕跡可尋；不甚困難者，蓋一代有一代的文學，一家有一家的擅場，上下古今，賡相祖述，我們果能秉本執要，悉心探索，所謂「

欲知源流清濁之所處，循其上下而省之；欲知其風化芳臭氣澤之所及，旁行左右而觀之」，則亦不難明其脈絡，曉其梗概。元稹曾說：「余讀詩至子美，而知大小之有總萃焉。」何謂「大小之總萃」？則可以說：所有唐以前全部中國文學，皆爲杜詩之淵源矣。玆析述之如左：

㈠杜詩喜論時政得失，蓋得力於風雅：杜甫畢生忠國愛民，其詩每多反映時政，論次得失，使人知所警惕戒懼，而思所以匡濟矯正之道。譬如七律的諸將五首，旨在責人臣；五律的有感五首，旨在諷人君。然而，在諷人君之同時，未嘗不責人臣，以爲國事的敗壞，莫非人臣過失所致。子美平日義篤君臣，一飯不忘忠愛，所諄諄諍諫而見於詩篇者，正無一語不自眞性情中流出。又如秋興八首，深得風雅的起興；傷春五首，宛如風雅的變體。而三吏、三別，更是深得「言者無罪，聞者足戒」之妙旨。此外，凡有關家庭倫理、日常生活諸作，亦無不切摯動人，故能繼迹風雅。宋姜夔白石道人詩話說：「詩有出於風者，出於雅者，出於頌者。屈原之文，風出也；韓柳之詩，雅出也；杜子美獨能兼之。」可謂中肯之論。

㈡子美五言古詩，接響於蘇李，嗣音乎漢魏：子美之詩以蘇李爲宗法的對象，可於解悶詩中見之：

李陵蘇武是吾師，孟子論文更不疑（按：孟子，謂校書郎孟雲卿）

一飯未曾留俗客，數篇今見古人詩

他的夢李白二首，有云：

生別常惻惻

蓋本於蘇武詩：「淚爲生別滋」。其中：

落月滿屋梁
猶疑照顏色

二句，蓋出自李陵逸詩：

明月照高樓，想見餘光輝

昔曹植「明月照高樓，流光正徘徊」句，用其語而不用其意，遂爲建安絕唱。子美用其意而稍變其句，亦爲唐句崢嶸。

至於嗣音漢魏，亦多有蹤跡可尋。如贈衞八處士：

主稱會面難，一舉累十觴
十觴亦不醉，感子故意長
明日隔山岳，世事兩茫茫

蓋本於曹植「主稱千金壽，客奉萬年醻」；及古詩「道路阻且長，會面安可知」之意。祇緣出神入化，讀者不自覺而已。邵子湘評曰：「此爲眞漢魏詩，未許淺人問津。」又如示從孫濟詩：

淘米少汲水，汲多井水渾
刈葵莫放手，放手傷葵根

亦出自漢魏，而本於古詩：

採葵莫傷根，傷根葵不生
結交莫羞貧，羞貧交不成

又如北征長篇，其佳處亦多自漢魏樂府出，例如：

猛虎立我前，蒼崖吼時裂
菊垂今秋花，石戴古車轍
青雲動高興，幽事亦可悅

其寫景狀物，一本魏武帝之苦寒行。又如佳人一首：

合昏尚知時，鴛鴦不獨宿
但見新人笑，那聞舊人哭
在山泉水清，出山泉水濁
侍婢賣珠廻，牽蘿補茅屋
摘花不插髮，采柏動盈掬
天寒翠袖薄，日暮倚修竹

其神韻全脫化於漢魏樂府，固不必再引證古詩了。

此外，杜詩之本諸漢魏者正多，如三吏、三別諸篇，設爲問答，蓋出自陳琳飲馬長城窟行，而楚辭的卜居、宋玉對楚王問爲其濫觴。其新婚別一章，敍室家離別之情，及夫婦始終之分，全祖樂府遺意，而沈痛遠過之。新安吏以下，述當時征戍之苦，謂其源出於變風變雅，亦無不可。

㈢子美七言古詩，拓宇於離騷，比肩於四愁：胡應麟說：「少陵不效四言，不倣離騷，不用樂府舊題，是此老胸中壁立處。然風騷樂府遺意，杜往往得之。」這段話，只說對了一半。原來四言、離騷、樂府至唐，已是舊瓶；而子美的不效不仿，是嫌其結構太板，不適於容裝新酒。唐人李商隱受離騷之影響最深，子美猶未爲多。然以杜詩體氣宏博，無所不包，故亦有近乎騷者。如同谷七歌中：

仰視皇天白日速

原於楚辭「皇天平分四時兮」。嶽麓山道林二寺行中：

傍此烟霞茅可誅

出自楚辭「誅鋤茅草以全生乎」。又同谷七歌，舊評謂與太白遠別離、蜀道難，皆爲風騷極致，不在屈宋之下；雖然七歌創作，未必倣自離騷，而哀實過之。詩藪云：「杜七歌，亦倣張衡四愁；然七歌奇崛雄深，四愁和平婉麗；漢唐短歌，各爲絕唱，所謂異曲同工，庶幾近之。」

況且，七歌結構，近乎蔡琰胡笳十八拍，其結語尤爲相類。試比較十八拍結語：

笳一會兮琴一拍，心憤怨兮無人知

兩拍張兮絃欲絕，志摧心折兮自悲嗟

傷今感昔兮三拍成，銜悲畜恨兮何時平

尋思涉歷兮多艱阻，四拍成兮益淒楚
攢眉向月兮撫雅琴，五拍泠泠兮意彌深
追思往日兮行李難，六拍悲兮欲罷彈
草盡水竭兮羊馬皆徙，七拍流恨兮惡居於此

七歌結語：

嗚呼一歌兮歌已哀，悲風爲我從天來
嗚呼二歌兮歌始放，鄰里爲我色惆悵
嗚呼三歌兮歌三發，汝歸何處收兄骨
嗚呼四歌兮歌三奏，林猿爲我啼清晝
嗚呼五歌兮歌正長，魂招不來歸故鄉
嗚呼六歌兮歌思遲，溪壑爲我迴春姿
嗚呼七歌兮悄終曲，仰視皇天白日速

然七歌造詣，實高於十八拍。陳鐘凡中國韻文通論說：「工部集古今之大成，七言大篇尤爲前所未有，後所莫及。蔡琰悲憤詩，歷敍流離，文樸質而意沈痛，開唐人杜甫一派。」陸時雍謂：「同谷七歌，稍近騷意，第出語粗放；其粗放處，正是自得也。」然則，無論爲四愁，爲十八拍，皆屬騷體。是故，謂七歌間接出於離騷，亦未始不可。

㈣子美近體詩，上承陰何，下接沈宋：自沈約「八病」之說興，詩歌作者乃貴平仄整齊，陰鏗、何遜、徐陵、庾信，體製日工，實爲近體之前驅。至唐人，聲律、對偶之法益嚴；沈佺期、宋之問力求研練精切，聲勢穩順，遂定五、七言八句之程式，號爲律詩。因此，世以沈、宋爲律詩之祖。不有梁、陳，初唐、沈宋，何來子美在律詩方面登峯造極、空前曠古的成就？故子美對於前輩諸賢，稱揚備至。解悶有云：

陶冶性靈在底物，新詩改罷自長吟
熟知二謝將能事，頗學陰何苦用心

再如與李白詩：

李侯有佳句，往往似陰鏗

八哀詩：

記室得何遜，韜鈐延子荊

詠懷古蹟詩：

庾信平生最蕭索，暮年詩賦動江關

子美非但推崇陰鏗、何遜，並傾慕二謝、庾信，則可窺其師承所在。過宋員外之問舊莊詩：

宋公舊池館，零落首陽阿
枉道祇從入，吟詩更許過

淹留問耆老，寂寞向山河
更識將軍樹，悲風日暮多

對於宋之問，又極言仰止之意。明人趙汸說：「之問與公（指杜甫）祖審言，及陳子昂、沈佺期四人，爲唐律之祖，實公詩法淵源也。」今按子美律詩造詣，誠遠駕陰、何、沈、宋之上。「青出于藍，而勝于藍」，原來學問之事，往往「後來居上」，這不啻是歷史進化的象徵，抑且說明了杜詩何以爲「集大成」之故。

第三章　家學淵源轉益多師

——杜甫詩學淵源之二

唐初詩人杜審言，是杜甫的祖父。家族的光榮傳統，使子美一生與詩結不解之緣。其十三世祖杜預，字元凱，是晉朝鎭南將軍，封當陽侯。元凱博學多才，能謀善戰，朝野號稱「杜武庫」。並精通法律、經濟、天算、工程，又專門研究春秋左氏傳。對東吳作戰，「以計代戰一當萬」，深獲民間愛戴歌頌。如此一位英雄傳奇人物，子孫自引以爲傲而心嚮往之。所以杜甫在作品中，每欲展其抱負，比美先人。如奉贈韋左丞丈廿二韻中：

> 自謂頗挺出，立登要路津
> 致君堯舜上，再使風俗淳

自京赴奉先縣詠懷五百字中：

> 許身一何愚，竊比稷與契

這都是詩人在事業上追慕當陽侯的豪情。在文學上，他每每崇奉祖父審言，而欲發揚光大其遺緒。審言字必簡。舉進士，任隰城尉，後爲洛陽丞。恃才傲世，嘗語：「吾文章當得屈宋作衙官，吾筆當得王羲之北面。」其放誕有如此者。與李嶠、崔融、蘇味道爲「文學四友」。中宗時，官至修文館直學士，卒贈著作郎。所以，杜甫說：

吾祖詩冠古（贈蜀僧閭丘）

詩是吾家事（宗武生日）

當時，以聲律自負，享有盛名的詩人，如沈佺期、宋之問等，皆重審言，同在儒館交遊。雖然，審言在杜甫誕生之前六年就棄世了，但其故家流風餘澤，對杜甫的影響仍然不淺。詩人自謂：

七齡思卽壯，開口詠鳳皇

九齡書大字，有作成一囊（壯遊）

實非偶然。後來，杜甫律詩布置法度，全學沈佺期，更推廣而集大成。此可見古人學問，除家學淵源之外，必有師友淵源。

審言善爲五言詩，和晉陵陸丞早春遊望（律體）一首，流傳頗廣，可爲代表：

獨有宦遊人，偏驚物候新
雲霞出海曙，梅柳渡江春
淑氣催黃鳥，晴光轉綠蘋
忽聞歌古調，歸思欲霑巾

審言和韋承慶過義陽公主山池：

綃霧青絲弱，牽風紫蔓長

杜甫則有曲江對雨：

林花著雨燕脂落，水荇牽風翠帶長

第二句「牽風」、「長」，均酷肖審言。杜甫的連章詩篇，如何氏山林十首，也都是規撫乃祖製作。

審言度石門山：

泥擁奔蛇徑，雲埋伏獸叢

江聲連驟雨，日氣抱殘虹

杜甫白帝城最高樓：

峽坼雲霾龍虎睡，江晴日抱黿鼉遊

「雲霾」、「日抱」，也相彷彿。雖不襲取乃祖立意，而語脈卻含有家法。審言和李大夫嗣眞奉使存撫河東：

飛霜遙渡海，殘月迴臨邊

杜甫秦州雜詩：

無風雲出塞，不夜月臨關

描寫月景，神情相若。審言贈蘇味道：

邊聲亂羌笛，朔氣卷戎衣

雨雪關山暗，風霜草木稀

雲淨妖星落，秋深塞馬肥

描寫邊塞苦寒，一片蕭瑟；杜甫亦曾有相似的荒寒之境，見於秦州雜詩：

東征健兒盡，羌笛暮吹哀

浮雲連陣沒，秋草徧山長

塞門風落木、客舍雨連山

審言大酺：

梅花落處疑殘雪，柳風開時任好風

杜甫臘日：

侵陵雪色還萱草，漏洩春光有柳條

二詩氣象逼肖。審言春日京中有懷：

寄語洛城風日道，明年春色倍還人

杜甫曲江二首：

傳語風光共流轉，暫時相賞莫相違

顯然「傳語」脫化於「寄語」；而「風光流轉」，也是其來有自。來自乃祖和晉陵陸丞早春遊望的第三聯：

淑氣催黃鳥，晴光轉綠蘋

這個「轉」字，即「流轉」之意，喻時光的暗暗移動。暗示美景良辰，轉瞬即逝，所以要把握珍惜，纔不虛度。

杜甫不僅心慕乃祖，更是訓迪其子，以詩傳家繼世。宗武生日：

詩是吾家事，人傳世上情

可見詩人期望下代，不同於世俗尋常父子之情，必以賦詩爲光宗耀祖的事業，必以賦詩爲繼往開來的任務。同一首詩中，又勉勵宗武：

熟精文選理，休覓綵衣輕

訓示兒子努力研求學問，深入古賢堂奧，不可羨慕華服，貪圖享樂；而文選一書，尤爲必讀。從前詩賦取士時代，有「文選爛，秀才半」的諺語，其重要可知。實際，這不啻爲「夫子自道」，原來杜甫對文選極有研究，心得獨多。奉贈韋左丞丈廿二韻自況云：

讀書破萬卷，下筆如有神

「萬卷」、「有神」，雖不免誇張，實乃杜甫自言「心路歷程」。詩人深邃的工力，就是植根於此。

讀書雖不一定爲「作詩」而設，然而能胸羅萬卷，則筆下無一點塵，致用之際，自可左右逢源。無怪杜甫終有「文章驚海內」、「綵筆干氣象」的得意自豪之感受了！

杜甫最善於融化前代遺產而加以創造，學習許多名家以作詩，同時又不拘泥於名家。他以爲各代有各代之勝，不必拘泥何代；凡是名家，皆推崇之而無鄙棄，這是他論詩的態度。所以他說：「不薄今人、愛古人」，「遞相祖述復先誰」，「轉益多師是汝師」……非徒持此主張，更能畢生實踐而見諸篇什，以體現其「語不驚人死不休」的眞本領。可惜，當時俗士並不欣納，詩人寂寞可知。

杜詩中有關討論詩學的話，雖然不少，卻都是零星斷片。唯有「戲爲六絕句」，六首連章而下，自成體系。觀其會通，則可對杜甫的文學觀，獲致全面的理解了。原來前三首是評論作家，後三首是揭示論詩宗旨。玆逐章略加解釋：

第一首

庾信文章老更成，凌雲健筆意縱橫
今人嗤點流傳賦，不覺前賢畏後生

這首詩旨在評論庾信。杜甫於春日憶李白詩中，曾說：「清新庾開府」，以庾信的風格比方李白。此詩則是指出庾信後期文章，更加成熟，健筆凌雲，意態縱橫開闔，不僅以「清新」見長而已也。所謂「庾信平生最蕭瑟，暮年詩賦動江關」（詠懷古蹟），正可與此相印證。詩中庾信，杜甫借以自況。意謂庾信如此難得的詩賦，理當萬口流傳，居然受到「後生」的嗤笑指摘，眞是出乎意外；若是庾信復生，恐怕也要嘆息「後生可畏」了。這「後生」，當然是指有眼無珠「不識貨」的今人；所謂「畏」，乃是諷刺的反語。

第二首

王楊盧駱當時體，輕薄為文哂未休

爾曹身與名俱滅，不廢江河萬古流

旨在評論初唐四傑。意謂初唐詩文，仍被六朝齊梁藻繪餘習所籠罩，乃無可抵擋之事；但四傑的詩篇，畢竟是文學潮流自然形成的「當時體」，今天的輕薄子卻為文攻訐，而一哂再哂，是不對的。你們任意嗤笑前輩，可知道自己將來身名俱歸速朽，而四傑是不會被淘汰的，且將似長江大河一般，萬古長流哩！

第三首

縱使盧王操翰墨，劣於漢魏近風騷

龍文虎脊皆君馭，歷塊過都見爾曹

此接第二首，再論四傑。意謂四傑所作的文章，縱然比不上漢魏的水準，卻能稍近風騷的旨趣。但是，今人大都自命不凡，如同騎乘「龍文虎脊」的良馬而目空一切，卻不知果能通得過「歷塊」（

近距)、「過都」(遠距)的測試，以見出你們的本領否?

第四首

才力應難跨數公，凡今誰是出羣雄
或看翡翠蘭苕上，未掣鯨魚碧海中

這首主旨，乃是杜甫自許；同時辯正庾信及初唐的不可棄置不顧，而應給予適當的評價。原來此一問題，是當時詩壇論爭的焦點所在。杜甫針對這個焦點，直率的指出當今的作者，才力料想難以跨越前輩；那麼，超羣的雄傑又該何屬?語氣自負，言下頗有「捨我其誰」之概。接着，杜甫說：或許有人眼光短淺，只欣賞翡翠鳥翔集於水湄蘭苕之上的「小鏡頭」，這是永遠不能掣起巨鯨於碧海之中，而成爲「大氣候」的。由於杜甫是「渾涵汪茫，千彙萬狀」的巨擘，志在開新創體，爲人生而藝術，所以有此豪語。從而，他所自許的寫作標準，亦昭然若揭了。

第五首

不薄今人愛古人，清詞麗句必爲鄰
竊攀屈宋宜方駕，恐與齊梁作後塵

旨爲總結以上諸首。意謂自己既不鄙薄近代的作家，同時亦欣賞古代的作家；凡具「清詞麗句」

可資取法者，必引爲同調，以陶成詩歌的藝術。我的內心固然想要追攀屈原、宋玉，與之並駕齊驅，但怕力不從心，那也只好落在齊、梁諸家之後，而望塵莫及了。末句自作嘆息，並以告誡今人。實際上，杜甫對詩歌藝術的要求，原不僅僅止於「清詞麗句」，而是熱烈冀望「凌雲健筆意縱橫」的境界，從他再三推許庾信，可見端倪。所以，這首與第一首互參足義。

第六首

未及前賢更勿疑，遞相祖述復先誰

別裁僞體親風雅，轉益多師是汝師

這最後一首，也是杜甫自況之詞。意謂自己學詩向來擇善而從，不拘限時代、宗派。自己才力之不及庾信、四傑諸前賢，已是無可諱言；但他們仍然薪火相傳，前後相因，究竟誰是最先的祖師呢？只要嚴加鑑別，裁汰那些浮靡無實、徒具藻麗的僞體，而親近合乎風雅之道的作品，再輾轉請益值得師法的古人，兼取衆長，以備創新，這便是你（我）的師門所在了！顯然，這首爲杜甫「詩論」的結論，諄諄告誡時人，提示詩壇的正大方向。杜集中，評論古代、近代以及當代的作家，多不勝舉，其「樂取於人，以爲善」的虛心謙懷，無一不是從「轉益多師」的基本態度上而出發的。

總之，杜甫在詩歌理論上，首先是繼承並發揚前輩詩人陳子昂的文藝主張，反對形式主義的詩風；在創作的思想內容上，則提倡要能反映社會現實，表達民生疾苦，寓美刺於比興，含有遙深的寄託。

他對於陳子昂的品節與創作，尤其是「感遇詩」，推崇不遺餘力。其陳故拾遺故宅詩：

有才繼騷雅，哲匠不比肩
公生揚馬後，名與日月懸……
終古立忠義，感遇有遺編

可見杜甫在品評文藝創作之時，必先結合內容，而後加以考察。又在偶題一詩中，說：

文章千古事，得失寸心知
作者皆殊列，名聲皆浪垂
騷人嗟不見，漢道盛於斯
前輩飛騰入，餘波綺麗爲
後賢兼舊制，歷代各清規……
永懷江左逸，多謝鄴中奇

不難窺見杜甫在詩歌的藝術形式上，是主張祖述風騷，師法漢魏。因此，他不僅主張應該師法風騷樂府與「漢魏風骨」，同時也主張有別擇地向江左詩人，如二謝（謝靈運、謝朓），顏（延之），鮑（照），陰（鏗），何（遜），庾（信）等，乃至曹氏父子、建安七子等等，學習藝術技巧。他不僅主張向古代詩人學習，而且也主張對「王楊盧駱」的「當時體」，予以公正的評估，與足夠的重視。如此，擇善而從，不限時代宗派，纔能在「體兼舊制」的基礎上，包孕今古，別創新機。這一切，豈非

「轉益多師」之注脚乎？

若將上述論點，再加歸納，並作比較，我們當可進一步明瞭杜甫的詩學標準。杜甫與李白，並爲唐代偉大的詩人；但以二人作風不同，故在批評上的主張不免互異其趣。李白一味主張復古，而卑視齊、梁，故其詩以古體爲多，近體爲少。杜甫則不然，既「熟精文選理」，又「晚節漸於詩律細」，所以對於六朝文學，並不卑視。

杜甫對於初唐詩人，亦不攻擊。卽使批評同時的詩人，亦每以六朝人物爲比擬。所以，李白的主張是反齊、梁的；杜甫的主張，則是沿襲齊、梁而加以變化的。李白仗其天才，絕足奔放，所以能易古典的作風爲浪漫的作風；杜甫加以學力，包羅萬象，所以能善用齊、梁的藻麗而無其浮靡。李白是對於齊、梁作風的反抗，幾欲並其藝術的優點而亦廢棄之者；杜甫則是對於齊、梁作風的演進，努力發揮其藝術美的優點，而補救其過度使用之偏弊者。李白廢棄齊、梁修辭的技巧，而能自成一家的作風，所以顯其才；杜甫不妨師法齊、梁，而能不落齊、梁，所以顯其學。顯其才者，其詩猶有古法；顯其學者，其詩遂轉成創格。

是故，由作品言，杜甫是對齊、梁的作風加以修正之者；修正的方法，卽在採用陳子昂、李白批評上的復古主張，以兼有漢、魏、晉、宋諸體之長。由批評而言，杜甫是對陳、李的復古說予以修正之者；修正的方法，卽在採用齊、梁以後創作上的藝術美，而集其大成。杜甫在文學史上的重要在此，在文學批評史上的重要亦在此。

何以見其如此呢？一則由於他不廢齊、梁的音律，他深知詩與音律的關係之重要；二則，他亦不廢南朝的藻飾。然則，他重視音律與藻飾，是否卽局限於南朝的境界呢？則又不然。他所以能不局限於齊、梁者，即因他亦有復古的傾向。杜甫所謂「轉益多師」，那對於屈宋、漢魏、齊梁、初唐，並在可師之列，所以一方面能不爲復古說所限，一方面又能不落於齊、梁；而這種方式的「轉益多師」，卻正是文學上的進化論。

杜甫所謂「前輩飛騰入，餘波綺麗爲」、「後賢兼舊制，歷代各清規」，正足以說明文學進化的軌跡。文學上無論何種體裁，起初無不偏於自然美，往後則無不趨於藝術美；作風之漸趨綺麗，本是文學演進上自然的趨勢。只要懂得「轉益多師」，便不必對此作風加以攻擊，而自能「後賢兼舊制」了。只要眞正懂得如此的「轉益多師」，則所謂「兼舊制」云者，便不是擬古的、摹襲的，而是有「個性」之流露，此卽所謂「作者皆殊列」之意；同時亦有其「時代性」的表現，此又卽所謂「歷代各清規」之意。

這種折衷今古，而歸於「轉益多師」、歸於「後賢兼舊制」的主張，便是杜甫的詩學精義所在。

第四章　各體齊備創新垂後

——杜甫詩學淵源之三

杜甫的「集大成」，是多方面的，在詩的體裁上尤其表現得極爲具體而突出。他具備兩漢以後、三唐以前的一切詩體；而唐以後直到「五四」以前，也都未嘗有人超越出他的範圍。他能根據詩的內容，極其適當的使用各種詩體，成就其「形式的適應性」，這也是杜詩藝術上的特點之一。

原來杜甫所用的詩體，可分爲兩大類：一是「古體詩」，二是「近體詩」。玆分別列述如下：

壹、古體詩

「古體詩」本可包括一切非格律的詩，但照唐以後的習慣用法，則專指漢魏六朝的詩；一般不包括「詩經」在內，因爲作者已不再模倣四言體了。所以唐人的「古體詩」主要只有兩種格式：五言古體與七言古體。杜甫所作的古體，自不出此範圍。

一、五言古體

所謂五言古體詩，來源是民歌體的詩。漢代民間樂府中便有不少出色的五言民歌，如陌上桑、孔雀東南飛等寫實主義的作品。胡適先生說「一切文學都從民間來」，於此可窺一斑。

五言古體，除了五字一句與兩句一押韻（漢詩也有一句一押韻的）之外，便百無禁忌。所以，五言古體，又可以說是「五言自由式」的詩。既不受字聲（平仄）的限制：可一句全平，以杜詩爲例，如「天明登前途」（石壕吏）；也可一句全仄，如「路有凍死骨」（自京赴奉先咏懷）；甚至如「壁色立積鐵」（鐵堂峽），則五字全屬入聲。又不受字數的限制，有話則長，無話則短：杜詩「五古」有長至數百字的，如北征、赴奉先詠懷等；有短至數十字的，如望岱等。在押韻上，可押平，也可押仄；一首之中，並可以換韻，甚至有犯重韻，也可以通融，如石壕吏，前有「有吏夜捉人」，後又有「室中更無人」；如飲中八仙歌，前有「汝陽三斗始朝天」，後有「舉觴白眼望青天」；前有「眼花落井水底眠」，後有「長安市上酒眠……」。還有，可以全篇散行，不拘對偶。總之，五言古體的伸縮性、彈性甚大。

同時，五言古體由於五字一句，不太長，也不太短，較諸四字一句爲靈活。換言之，其表現性能特別强，既便於抒情，也便於寫景、敘事。基於如此多種有利條件，所以杜甫經常使用這一詩體，數量達二百六十餘首之多；以字數論，在各體中佔第一位。而杜詩之富於現實性者，亦絕大部分屬於這一體裁，如三吏、三別等等，非偶然也。

五言古體，漢魏、南北朝以來早已成熟。杜甫之宗法蘇（武）李（陵），嗣音漢魏，前章已經提及；但在杜甫也有所創造變化，其「三韻六句」格式的出現，殊屬罕見。玆舉「三韻三篇」中之一篇爲例：

烈士惡多門，小人自同調
名利苟可取，殺身傍權要
何當官曹清，衆輩堪一笑

二、七言古體

再說杜甫的七言古詩。七言古體詩，在起源上，與五言古體詩，同樣是來自民間。稍有不同者，即七言古體詩的產生，多少受到「楚辭」的影響。

七言古詩的起源時代在西漢，並不晚於五言古詩；但在發展上，卻遠落於五言古詩之後。五言詩到漢末建安時（三世紀初），已取得正統地位，風靡一切，而七言詩纔初步的引人注意。到宋元嘉時（五世紀中葉）鮑照崛起，七言詩稍有進展，但作者仍寡。可以說，七言古詩，一直到唐朝方始充分發展，遂與五言古詩「並駕齊驅」，且「駕而上之」。從詩體的發展而言，唐人寫作五言古詩只不過是繼承與發展的過程；而唐人的寫作七言古詩，則是發揚與創造的表現。七言古詩纔是唐詩獨有的面目，纔是唐人的拿手好戲。杜甫在這一詩體上的創造，也比較多。

在一般規格上，七言古體亦如五言古體，幾乎「百無禁忌」。所不同者：㈠句子比五古多出二字，故唐人又稱七古爲「長句」。（「長句」有時也指「七律」，但不普遍。）㈡一首「七古」詩中可以兼用長短不齊的雜言，如兵車行，有三字句，有五字句，不完全是七字句。因爲這種長短句的詩體，導源於漢樂府的「歌」與「行」，所以七言古詩又往往稱爲「七言歌行」。㈢在押韻上，五古都是兩句一押，七古則往往一句一押。杜甫所作，如飲中八仙歌全篇每句押韻，麗人行亦大部份每句押韻。

詩句的長短，與詩的表現性能密切相關。由於七古是「長句」，猶如「大刀濶斧」，同時又容許兼用長短句，便於作者馳騁縱橫、發揚蹈厲，所以最適宜於表現較大的事物，以及大喜、大悲、大怒一類奔放豪宕、勃不可遏的感情，遂形成七言古體詩汪洋恣肆、波瀾壯濶的獨特格調。

比如哀江頭、哀王孫、悲陳陶、悲青坂、同谷七歌、茅屋爲秋風所破歌等，或寫國破之痛，或寫身世之苦，都是「長歌可以當哭」之作。再如兵車行、醉時歌、短歌行贈王郎司直、莫相疑行、歲晏行等，或刺窮兵黷武，或嘲尸位素餐，或惜才士失意，則都是充滿憤怒情緒之作。又如洗兵馬，聞捷狂歡、歌頌國家中興的喜悅之情，由於使用七古這一詩體而更形洋溢。

杜甫七古，現存一百四十五首。曾有不少新創造：

第一、創爲九字、十字、乃至十字以上的長句。

第二，創爲「三平調」特殊的音節。就是詩中「雙句」，也就是二、四、六、八等必須押韻的句子，其末三字都用平聲字。唯「三平調」的出現，在押平聲韻的時候，纔成爲可能，歲晏行即其一例。第三，創爲每章五句的畸形體。如曲江三章章五句，這一拗格古體，頗帶「聱扭」味，正與詩人當時因久困長安，毫無出路的聱扭心境相表裡。

第四，創爲規律性的押韻法。亦即杜詩藝術上的平仄換韻法。比如丹青引，每八句一換韻，平仄遞換以調節聲調。每當換韻之處，也就是詩的內容與作者的思想情感變換之處。

貳、近體詩

近體詩是沿襲齊梁以來講究「四聲八病」的「永明體」而發展者，到了唐朝始成定式。乃當時通行的一種新詩體，故當時又稱爲「今體詩」，以區別於以前的古體詩而言。關於杜甫的近體詩，玆分律詩、排律、絕句三個項目敘述之。

一、律詩——五言律詩、七言律詩

先談律詩。律詩體式有二：即五律與七律。無論五律或七律，除平仄各有定譜外，還必須遵守幾項規則：㈠每句五字或七字；㈡每篇八句；㈢中間四句必須作成對偶；㈣只准押平聲韻；㈤只准兩句押一韻（第一句可押韻、可不押）；㈥不准換韻；㈦韻腳不准重複；㈧一首詩中，不准有重複的字；

㈨一、三、五、七不押韻的單句，末一字必用仄聲，而且要上、去、入三聲間隔使用。

由於五律在當時是一種新興的詩體，並且由於五律是一種法定的詩體，（唐以詩取士，簡直就是以五律取士），所以五律在唐代特別通行，特別發達。杜甫的五律也特別多，計有六百卅餘首，以篇數論，幾佔其現存全部詩篇的一半。

至於七律，作爲一種新興詩體，從發展上而言，杜甫無疑是七律的第一位大作家。理由是：㈠在數量上，他的七律計有一百五十一首，超過他以前初唐與盛唐詩人所作七律的總和；比起李白的全部九百九十四首詩中，只有八首七律的情形來，眞是相差懸殊；㈡在思想內容上，往往用來感歎時事，批評現實。在杜甫以前，七律每每用來作「奉和」或「應制」這類歌功頌德的工具；杜甫卻大大擴充七律的領域，賦予七律以戰鬥性，這是很大的演進；㈢打破固定的譜式，自創音節，陶成一種「拗體律詩」；㈣風格沈雄悲壯，慷慨激昂。此外，他創爲「連章體」，如「秋興八首」「詠懷古跡五首」等。（五律中，也有連章。）

杜甫的律詩，足以籠罩百世。元稹所稱：「鋪陳終始，排比聲韻，大或千言，次猶數百，辭氣豪邁而風調清深；屬對律切，而脫棄凡近。」（唐檢校工部員外郎杜君墓係銘序）鮮明的推崇他在聲律方面的偉大成功。施補華硯傭說詩說：「少陵七律，無才不有，無法不備。」又說：「五言長排，必以少陵爲大宗。」錢木庵唐音審體也說：「五言長韻，七言四韻律詩，斷以少陵爲宗。」宋犖漫堂說詩說：「律詩盛於唐，而五言律爲尤盛。神龍以後，陳（子昂）杜（審言）沈、宋開其先，李、杜、高、岑、王、孟諸家繼起，卓然名家。子美變化尤高，在牝牡驪黃之外。」黃子雲野鴻詩的說：「杜之五律，五七言古，三唐諸家亦各有一、二篇可企及；七律則上下千百年無倫比。其意之精密，法之變化，句之洗雄，字之整練，氣之浩汗，神之搖曳，非一時筆舌所能罄。」這都是赤裸裸的極其推崇杜甫的律詩。加之「七言排律，創自老杜。」（藝苑卮言）則所謂律詩，不論五言律、七言律，五排、七排，都是以杜甫為群倫之冠，是杜甫誠為律詩之聖矣！

二、排律

再談「近體詩」的排律。

律詩之名，唐代已有。「排律」一名，則是元人楊士宏所創。所謂排律，就是律詩的延長，或排列，也就是十句以上的律詩。所以排律也只有兩體：即五言排律、與七言排律。自六韻至百韻均可，但普通總喜歡用整數。排律，也別無所謂平仄譜，但除首尾各二句與律詩相同可以不用對偶外，中間所有的句子都得作成對偶，所以較律詩更束縛，更困難。單就此種求整齊的風氣而論，也是古詩所沒有的。杜詩中比較最短的一首五排，送陵州路使君之任，共十六句，幾乎等於兩首五律。如秋日夔府詠懷長達一百韻，全詩兩百句（一千字），也都是對句。

杜甫五言排律，凡一百二十餘首，數量也不少。雖多投贈之作，也有不少反映現實的好詩。如贈韋左丞丈廿二韻、奉送嚴公入朝十韻等，皆屬名篇。

五排，杜甫以前已有；至於七排，則是杜甫所創，只有清明詩等四首，篇幅都不長。

三、絕句

絕句的起源，與古體詩相同，皆直接來自民歌。所不同者，是古體詩導源於兩漢的民歌，而絕句則主要導源於南北朝，如「吳歌」、「西曲」之類的南朝五言民歌。至於絕句的正式成立，則與律詩相若，皆歷經齊、梁「新體詩」的聲律化，到初唐始成定型。

另一種關於絕句起源的說法，譬如施補華硯傭說詩，以爲：「絕句，蓋截律詩之半；或截首尾兩聯，或截中二聯而成。」這是說「絕」者「截」也，所以「絕句」又稱爲「截句」，應產生在律詩之後。據此，我們可以將絕句分爲四類：㈠截取律詩的首尾兩聯者；㈡截取律詩的後半首者；㈢截取律詩的前半首者；㈣截取律詩的中兩聯者。而實際上，第一類的絕句最爲常見。

律詩的基本特徵是八句，而絕句則爲四句，等於律詩的減半；在平仄的規律上卻又相同，所以唐人有時稱絕句爲「小律詩」。律詩只有五言、七言兩體，絕句也只有五言、七言兩體。在寫作上，絕句可對偶，可不對偶；一半對偶、一半不對偶也可以。絕句有時可以押仄韻，就是平仄不似律詩森嚴（特別是五絕）。所以比之律詩局限性小，具有較自由的條件。無怪唐人絕句到處風行，不僅數量多，而且素質也高，尤以七言絕句爲然。

杜甫五言絕句計卅一首，多晚年飄泊西南寓居成都及夔州時所作。杜甫七言絕句計一百零七首，比五絕多三倍以上。上自國家大事，下至日常生活，凡題材不足以構成長篇者，他多半使用七絕來表述。

向來詩論家儘管對杜甫的五、七古及律體，衆口交讚，評價極高，可是對於他的七絕，意見頗爲分歧。黃生龍推譽說：「少陵七絕，實從三百篇來，高駕王（昌齡）李（白）諸公遠矣。」胡應麟詩藪則詆訶云：「自少陵絕句對結，詩家率以半律譏之；然絕句自有此體，特杜非當行耳。」又云：「杜之律，李之絕，皆天授神詣。然杜以律爲絕，如『窓會西嶺千秋雪，門泊東吳萬里船』等句，本七律壯語，而以爲絕句，則斷錦裂繒類也。」

大抵看來，杜絕由於不合深曲委婉的創作原則，又缺乏王、李那種「盛唐之音」，因此歷代貶多而褒少。只有贈花卿、江南逢李龜年等少數幾首被譽爲絕唱。花卿、龜年諸作，在老杜正是所謂「變體」（王元美語），不失爲「杜絕」的特色。張夢機教授嘗加詮說，區分爲「拗體成詠、蹈實存眞、議論入詩、偶句對結、聯章表意、沈鬱生情」等六類，見解相當中肯。

總括上述，杜詩的體裁，共計八種。就是：五古、七古、五律、七律、五言排律、七言排律、五絕與七絕。漢魏以後，所有古典詩歌的體裁，已盡於此。杜甫不僅能極其恰當的使用各種詩體，而且在各種詩體中，都表現其獨創性。雖然李白亦不愧爲千古大詩人，但因二人在詩國中所走之路不同，成績及影響也就自然不同。大抵古體詩自周至盛唐，至李結束；律體詩自盛唐至現代，以杜爲開端。

晚唐師承少陵者，李商隱得其穠麗，杜牧得其豪健。唐以後，學李者少，學杜者多，此可於五代、宋、金、元、明、清各大家作品徵之。所以說：杜甫不僅爲「集大成」者，更是開「革新」之局面者。

第五章　儒家思想本位

——兼釋「老杜似孟子」

世稱杜甫爲「詩史」，是由於他善陳時事，反映現實，作品具有時代性；誦其篇什，可以論世知人。世尊杜甫爲「詩聖」，是因爲他深懷愛國愛民的熱誠，加以立言忠厚，卽所謂「吐納英華，莫非情性」（文心雕龍）；是故，杜詩又具永久性，可以垂萬世而不朽。杜甫既爲「詩聖」，當然與「詩仙」李白，「詩佛」王維，互異其趣，各具不同面目。換言之，「聖」自有聖的核心，自有聖的範疇，自有聖的方法。其核心，就是仁、恕、忠、愛；其範疇，就是三綱、五倫，以及元元之民，乃至鳥獸蟲魚草木之屬；其方法，就是深入社會，洞察民生苦樂，以興以觀以群以怨，從而蔚成「沈鬱、頓挫」的風格，凡此莫非得自儒家「溫柔敦厚」的詩教。是故，自有詩人以來，杜甫最是典型的以儒家思想爲本位的。

杜甫生於老莊思想與佛教思想隆盛的唐代，當時政治又動盪不安，最爲多事，何以偏要鼓吹儒風、闡揚儒術呢？這一方面是由於家風與祖先遺教的影響。其十三世祖杜預，在晉朝老莊清談的玄學潮流中，獨以左傳的專門研究而爲儒學大師，著成左傳春秋集解，流傳於世；因此，詩人嘗於進鵰賦表中自稱：「奉儒守官，未墜素業。」另一方面，是由於杜甫的天性，對於儒家思想，有特別深厚的信奉心，要實現「經術補明時」的願望。於是，杜甫經常將儒家思想，或隱或顯，表露在詩歌上，造成一種「爲人生而藝術」的現實主義意識形態。儘管詩人有時出現些許消極的、超世的佛老思想，但都不過是偶然的抱怨，一時的憤激之語。尤其晚年，因病魔困纏，體力日衰，進身用世事與願違，而稍有道家色彩，但都是「蜻蜓點水」式的，並不足以代表他思想的主流。觀人必觀其全，我們自當從他整個生命來着眼。

思想是創作活動的主導，我們研究杜詩，倘若忽視杜詩的思想內容，則不啻忽視杜詩中最有價值的部分。總之，通過藝術，予儒道以美化而深入人心，正是「詩聖」杜甫無與倫比的偉大成就。

況且，老杜似孟子。

昔蘇子瞻嘗問人：「老杜何如人也？」或言：「似司馬遷。」子瞻說：「但能名其詩耳；吾謂老杜似孟子，蓋原其心也。」此所謂心，即心術，亦即思想、情性，乃是萬事的本源。詩出於人，有子美之人，而後有子美之詩；讀子美之詩，則其心術可窺。

黃徹說：「孟子七篇，論君與民者居半；其欲得君，蓋以安民也。況杜甫詩云：『窮年憂黎元，歎息腸內熱。』又云：『誰能叩君門，下令減征賦？』寄柏學士詩：『幾時高議排金門，長使蒼生有環堵？』茅屋爲秋風所破歌：『安得廣廈千萬間？大庇天下寒士俱歡顏，風雨不動安如山！嗚呼，何時眼前突兀見此屋？吾廬獨破受凍死亦足！』仁心廣大，眞得孟子所存矣。」

金聖歎持論，一向偏激，獨對杜甫的縛鷄行，所作批評甚爲中肯。說：「此首全是先生借鷄說法，前四句『小奴縛鷄向市賣，鷄被縛急相喧爭；家人厭鷄食蟲蟻，不知鷄賣還遭烹。』借孟子牽牛章『牛羊何擇』，演成妙義。後四句『蟲蟻於人何厚薄，吾叱奴人解其縛。鷄蟲得失無了時，注目寒江倚山閣。』蟲鷄、鷄蟲，連呼，是法平等；叱奴解縛，怨親俱釋；注目寒江，悲衆生之無了時；獨倚山閣，歎先生之登上地也。妙絕！」

發於一個仁字，既不忍見鷄之無罪而就死地，亦不忍蟲蟻之無罪而就死地，因而產生絕妙文章，啟人省思不已。老杜之心與孟子，雖時隔千載，卻是合節而同調。

又如孟子對梁惠王說：「狗彘食人食而不知檢，塗有餓莩而不知發。人死，則曰：『非我也，歲也。』是何異於刺人而殺之，曰『非我也，兵也』？」孟子並引公明儀語：「庖有肥肉，廄有肥馬，民有飢色，野有餓莩；此率獸而食人也。」杜甫藉以諷刺當時貴戚勢豪之奢侈，而不知恤民，則云：

朱門酒肉臭，路有凍死骨

榮枯咫尺異，惆悵難再述（自京赴奉先詠懷）

都是源於惻隱之心，說法不同，悲憫則一。

孟子主張天下「定於一」，而「不嗜殺人者能一之」。孟子的「仁者無敵」、「善戰者服上刑」、「焉用戰」諸章，無不以反對侵略戰爭爲宗旨。杜甫的兵車行則云：

　　邊庭流血成海水，武皇開邊猶未已！
　　君不聞漢家山東二百州，千村萬落生荊杞！

篇中非戰思想，在在都是孟子仁心的發揚；然而孟子對於正義的戰爭還是贊成的。齊宣王嘗請問應否攻佔燕國，孟子說：「取之而燕民悅，則取之；取之而燕民不悅，則勿取。」意爲征伐之道，當順民心；民心悅，則天意得；天意得，然後可以取人之國。杜甫亦是如此，對於正義的保國衞民之戰，不但贊成，而且鼓勵青年積極參與，其前出塞、後出塞諸詩，都有明顯的主張。

孟子道性善，稱堯舜，始終以發仁心、行仁政爲標榜。仁政的要點在：明人倫，裕民生，省刑罰，薄賦稅，止戰爭。他倡導「民爲貴」，「保民而王」，「與民同樂」，實爲近世民主思想的先驅。凡孟子之所存，杜甫往往藉爲發揮之資，感人至深而無跡可尋，集中比比皆是也。杜甫於君親、兄弟、朋友、黎民，無刻不關其念。有德者必有言，故吳修齡圍爐詩話推尊孟子之書，說：「不置之於六經中，何處可置？」當然這是專就詩人之思想爲價值標準者。

至於杜甫的出處，亦每每與孔孟相似，其詩云：

　　尙憐終南山，回首清渭濱（奉贈韋左丞丈）

則有「遲遲去魯」之懷；

　　勳業頻看鏡，行藏獨倚樓（江上）

則有「皇皇得君」之意；總之，杜詩立意遣辭，皆合於人生實際。從中可以窺見老杜品格，蓋一篤守孔孟之教訓者；而其心術，尤近乎孟子。舉凡做人方法、倫常觀念，政治思想，皆涵濡儒門的眞精神。是故其人實迥異於尋常文士，而其詩尚有藝術以外之價值存焉。

茲就杜詩所含的儒家思想，析述如次：

一、儒家自居

杜甫既然出身於儒學世家，自幼耳濡目染聖賢之道，並且篤信儒術足以經世濟民，故詩中以儒家自居、甚或以儒家自豪之處，屢見不鮮：

昔歲文爲理、羣公價盡增

家聲同令聞，時論以「儒」稱（寄劉峽州伯華使君四十韻）

法自「儒家」有，心從弱歲疲（偶題）

山中「儒生」舊相識，但話宿昔傷懷抱（同谷七歌）

交態知浮俗，「儒流」不異門

過逢連客位，日夜倒芳樽（贈虞十五司馬）

願見北地傅介子，「老儒」不用尚書郎（憶昔之二）

「小儒」輕董卓，有識笑苻堅

浪作禽塡海，那將血射天（寄岳州司馬巴州使臣閣老五十韻）

天下尚未寧，健兒勝「腐儒」

飄飄風塵際，何地置老夫（草堂）

江漢思歸客，乾坤一「腐儒」

片雲天共遠，永夜月同孤

落日心猶壯，秋風病欲蘇

古來存老馬，不必取長途（江漢）

紈袴不餓死，「儒冠」多誤身（奉贈韋左丞丈廿二韻）

野人寧得所，天意薄浮生

多病休「儒服」，冥搜信客旌（敬致鄭諫議十韻）

搖落深知宋玉悲，風流「儒雅」亦吾師（詠懷古跡五首之二）

兵戈猶在眼，「儒術」豈謀身

共被微官縛，低頭媿野人（獨酌成詩）

以上所謂「儒」、「儒家」、「儒生」、「儒流」、「老儒」、「小儒」、「腐儒」、「儒冠」、「儒服」、「儒術」……之類，不一而足，或自稱、或自謙、或憤世而自嘲，可窺老杜當時心境一斑及思想核心。

二、儒道待人

杜甫既以儒家自居，自然也以儒家之道待人。平生所與往來之友，多爲儒家，杜甫本其「君子之心，度君子之志」，概以儒者視之，更何況於所崇敬的先哲！易經說：「雲從龍，風從虎」；「同明相照，同類相求」，意卽此歟？

滎陽冠「衆儒」，早聞名公賞

地崇士大夫，況乃氣清爽（故著作郎貶台州司戶滎陽鄭公虔）

得罪永泰末，放之五溪濱，
鸞鳳有鎩翮，「先儒」曾抱麟（敬寄族弟唐十八使君）

龍宮塔廟湧，浩刼浮雲衞
「宗儒」俎豆事，故吏去思計（贈秘書監江夏李公邕）

文化多師古，朝廷半「老儒」
眞詞寧戮辱，賢路不崎嶇（行次昭陵）

得罪台州去，時危棄「碩儒」（哭台州鄭司戶蘇少監）

學蔚「醇儒」姿，文包舊史容（故秘書少監武功蘇公夏明）

「世儒」多汨沒，夫子獨聲名（贈陳二補闕）

左轄頻虛位，今年得「舊儒」（贈韋左丞濟）

學業「醇儒」富，辭華哲匠能（贈特進汝陽王）

傷哉「文儒」士，憤激馳林丘，

中原正格鬥，後會何緣由（送韋十六評事充同谷郡防禦判官）

諸葛蜀人愛，文翁「儒化」成

公來雪山重，公去雪山輕（贈左僕射鄭國公嚴武）

除上所引含有「衆儒」、「先儒」、「宗儒」、「老儒」、「碩儒」、「世儒」、「舊儒」、「文儒」、「儒化」的諸多篇章外，杜集中尚有不少使用「儒素」、「儒門」、「儒衣」……一類的句子，可見杜甫「對己」「待人」，每喜以「儒」字相加，其儒家思想何其濃厚！

三、儒術濟世

以儒家自居，以儒家之道待人的杜甫，將何以實現其儒家理想？就是要憑藉「吾道」「斯文」及「經術」等。「吾道」簡言之，卽儒術，亦聖賢之道也。儘管被譏爲「不自量力」，杜甫卻總是念茲在茲，故其詩中含有「吾道」之句殊多。有如：

世人共鹵莽，吾道屬艱難（空囊）

萬方聲一概，吾道竟何之（秦州雜詩）

官軍未通蜀，吾道竟何如（征夫）

大哉乾坤內，吾道長悠悠（發秦川）

斯人脫身來，豈非吾道東（贈蘇四徯）

用拙存吾道，幽居近物情（屏跡三首）

此外，杜甫亦好用「斯文」二字。按「斯文」，係指禮樂教化之迹，後世遂引伸爲「儒道」之稱。有如：

斯文崔魏徒，以我似班揚（壯遊）

有求常百慮，斯文亦吾病（早發）

高興知籠鳥，斯文起獲麟（寄張十二山人彪）

高義終焉在，斯文去矣休（奉送王信州岑北歸）

其用「經術」「經書」「經濟」之句，有如：

子建文章壯，河間經術存（別李義）

公侯終必復，經術竟相傳（奉送蘇州李廿五長史丈之任）

相門韋氏在，經術漢臣須（贈韋左丞丈濟）

語及君臣際，經書滿腹中（吾宗衞倉曹崇簡）

明公壯年值時危，經濟實藉英雄姿（徒步歸行贈李特進）

杜甫頻頻用「吾道」、「斯文」、「經術」等字眼入詩，其「憂道不憂貧」、「以天下爲己任」的儒家襟抱自見矣。

四、稷契自比

杜甫不但以儒者自任，更以孔子及稷契自比。孔子畢生栖栖遑遑，席不暇煖，爲救世匡俗而努力；稷、契輔佐堯舜，敎民樹藝，敎民人倫，克盡臣道，是「得志」者「澤加於民」的典型，誠爲杜甫夢寐以求者。今觀其詩：

傷時愧孔父，去國同王粲（通泉驛南去十五里山水作）

賢有不黔突，聖有不煖席
況我饑愚人，焉能尙安宅（發同谷縣）

淒其望呂葛，不復夢周孔（晚登瀼上堂）

杜陵有布衣，老大意轉拙

許身一何愚，竊比稷與契（自京赴奉先縣詠懷）

稷契易爲力，犬戎何足吞（客居）

位下曷足傷，所貴者聖賢（陳拾遺故宅）

唐堯眞自聖，野老復何知（秦州雜詩）

人生貴是男，丈夫重天機
未達善一身，得志行所爲（詠懷二首）

五、致君堯舜

儒家思想具體表現之一，就是忠君愛國。繼承孔子意志的杜甫，相信孟子「人皆可以爲堯舜」的主張，當然希望當代的帝王，成爲堯舜一般的聖君。他對君國的忠愛，純粹出於天生，無須絲毫勉強，故嘗自謂：

葵藿傾太陽，物性固莫奪（自京赴奉先詠懷）

他從少年時代，就有「致君於堯舜」的抱負：

自謂頗挺出，立登要路津
致君堯舜上，再使風俗淳（贈韋左丞丈廿二韻）

迴首叫堯舜，蒼梧雲正愁（同諸公登慈恩寺塔）

至德二年（七五七），祿山之亂方殷，杜甫逃出水深火熱的長安，脫離叛軍掌握，謁肅宗於鳳翔行在，授官左拾遺。述懷云：

麻鞋見天子，衣袖露兩肘
朝廷愍生還，親故傷老醜
涕淚受拾遺，流離主恩厚

眞是疾風之下的勁草，板蕩之際的誠臣！再看北征：

雖乏諫諍姿，恐君有遺失
…………
揮涕戀行在，道途猶恍惚
乾坤含瘡痍，憂虞何時畢
靡靡踰阡陌，人煙渺蕭瑟

所遇多被傷，呻吟更流血
迴首鳳翔縣，旌旗晚明滅

忠君愛國之恩，悲天憫人之意，躍然紙上，歷歷在目。他當時不忍去國，而「遲遲我行」的況味，可以想見。「迴首」「旌旗」二句，蓋爲天下流民回顧依戀而祈望中興也。杜甫在朝任職的態度是：

不寢聽金鑰，因風想玉珂
明朝有封事，數問夜如何（春宿左省）

充分見其戰戰兢兢、臨深履薄、慕君敬業、不爲身謀的人臣情操。昔晉卿趙盾的「盛服將朝，坐而假寐」，也不過如此。

後來，流落劍南，遠處江湖，雖不得志，仍然念念不忘君國，熱切寄望中興：

惟將遲暮供多病，未有涓埃答聖朝（野望）

舜舉十六相，身尊道何高
秦時任商鞅，法令如牛毛（述古之三）

周宣中興望我皇，洒血江漢身衰疾（憶昔之二）

晚年在夔州時，又屢屢憂念君國：

夔府孤城落日斜，每依北斗望京華（秋興）

長懷報明主，臥病復高秋（搖落）

心折此時無一寸，路迷何處是三秦（冬至）

「臥病」既久，復加「心折、路迷」，明知此生「致君」之願絕無實現希望，而稱許別人時，卻還說：

死爲星辰終不滅，致君堯舜焉肯朽（可歎）

所念念不忘，生平只有這一件心事了！到大歷四年（七六九）流落潭州，詩人已五十八歲，依舊殷勤寄語：

致君堯舜付公等，早據要路思捐軀（暮秋遣興柱裴道州手札）

凡此詩章，無不洋溢耿耿赤誠；詩人的忠愛，至死靡懈，正是所謂「造次必於是，顛沛必於是」。杜甫不僅繫心君國，其民族意識，也非常强烈。代宗廣德元年（七六三），吐蕃攻陷隴右，邊警甚急，杜甫當時在閬州，憂念國事。對雨詩云：

莽莽天涯雨，江邊獨立時

不愁巴道路，恐溼漢旌旗

雪嶺防秋急，繩橋戰勝遲
西戎甥舅禮，未敢背恩私

詩人雖亦寄望外族之力平亂，但是主張必須提防大漢有所損傷；「恐涇漢旌旗」，言外之意值得警惕，謀國者豈能掉以輕心！

六、憂時恤民

杜甫之所以忠君，目的在「安民」、在「匡世」，希冀家給人足，天下太平，絕非「愚忠」之輩可比。因爲杜甫當時，君王即代表國家，我們不能視之爲迂腐，須知乃時代局限所使然。奈何杜甫一生，歷玄宗、肅宗、代宗三世，先有安史叛亂，後有吐蕃入寇，兩京陷落數次，天子蒙塵再度，干戈遍地，生靈塗炭，遂使他無日不在憂傷、痛苦、漂泊、流離中煎熬掙扎。廣大民衆，能不家破人亡、飢寒交迫者，幾希！「朱門酒肉臭，路有凍死骨」（自京赴奉先縣詠懷）的慘痛，更加激發其關切世道、憂憫黎元的同情心；於是，用寫實主義的手法，予以描繪，刻劃，遂成爲活生生的歷史記錄。「詩史」之譽，「詩聖」之尊，乃不期而自至，非其他詩人所可企及也。

杜甫爲當時生民申訴疾苦的代表作，首推「三吏」（即新安吏、潼關吏、石壕吏）、「三別」（即新婚別、垂老別、無家別），都是針對社會病態加以揭露與抨擊。此六篇所描寫的兵役之苦，吏不恤民，民不堪命的活地獄，令人不忍卒讀。從頭到尾一派憂國憂民、憤時憤世之語，絕非消極的抗議，卻是怨誹而不亂。彷彿小雅，終是杜甫本色。新安吏以「況乃王師順，撫養甚分明；送行勿泣血，僕射如父兄」爲結。立意在「以惻隱動君上，以恩義勉丁男」（楊西和語），忠而義。

潼關吏以「哀哉桃林戰，百萬化爲魚。請囑防關吏，愼勿學哥舒」爲結。立意在警惕防關將士，不能再有所僨事，重蹈「翰率兵出關，次靈寶縣之西原，爲賊所乘，自相踐踏，墜黃河死者數萬人」之覆轍，義而仁。

石壕吏厭戰觀念最濃烈，猶終以「夜久語聲絕，如聞泣幽咽；天明登前途，獨與老翁別」爲結。立意在「抵禦外侮」，雖匹婦亦有責，仁而恕。

胡適之先生曾評論石壕吏，說：

> 這首詩寫天寶之亂，只寫一個過路投宿的客人，夜裡偸聽得的事。不插一句議論，能使人覺得那個時代徵兵制度之大害，百姓的痛苦，丁壯死亡的多，差役捉人的橫行，一一都在眼前。捉人竟捉到一位抱孫的祖老太太，別的更可想而知了。

三別的立意，也都以仁義作骨幹。新婚別的「生女有所歸，鷄狗亦得將」；「勿爲新婚念，努力事戎行」；垂老別的「孰知是死別，且復傷其寒；此去必不歸，還聞勸加餐」；無家別的「宿鳥戀本枝，安辭且窮棲」；「近行止一身，遠去終轉迷」；都是所謂基於仁，歸於恕，發乎情，止乎義。

又如兵車行，首段描寫軍隊出發前的慘狀：

> 車轔轔，馬蕭蕭，行人弓箭各在腰

　　耶孃妻子走相送，塵埃不見咸陽橋
　　牽衣頓足攔道哭，哭聲直上干雲霄

民間苦於兵役，血淚交流之狀，令人慘不忍覩。篇中復諷諭時政：

　　邊庭流血成海水，武皇開邊意未已
　　君不聞漢家山東二百州，千村萬落生荊杞！

鞭辟到最深處，促人無限省思、究竟「孰令致之」？下列兩首詩，也是悲慘的寫照：

　　十室幾人在，千山空自多
　　路衢唯見哭，城市不聞歌（征夫）

　　殿前兵馬雖驍雄，縱暴略與羌渾同
　　聞道殺人漢水上，婦女多在官軍中（三絕句之一）

杜甫懷仁抱義，雖極力描寫征戰的痛苦，反對侵略他人以自肥，但由於愛國家、愛民族的熱忱，使他不能漠視異族入侵，所以對於保國衞民的正義戰爭，不但贊成，而且鼓勵年青人積極參與。前出塞云：

　　丈夫誓許國，憤惋復何有
　　功名圖麒麟，戰骨當速朽
　　……　……

中原有鬥爭，況在狄與戎

丈夫四方志，安可辭固窮

後出塞云：

男兒生世間，及壯當封侯

戰伐有功業，焉能守舊丘

杜甫所反對者，是窮兵黷武的侵略戰爭。孟子嘗言：「君不行仁政而富之，皆棄於孔子者也；況於為之强戰？爭地以戰，殺人盈野；爭城以戰，殺人盈城。此皆所謂率土地而食人肉，罪不容於死，故善戰者服上刑。」杜甫的非戰思想，正符合孟子的主張。所以他說：

誰能叩君門，下令減征賦（宿花石戍）

安得壯士挽天河，淨洗甲兵長不用（洗兵馬）

焉得鑄甲作農器，一寸荒田牛得耕（蠶穀行）

安得務農息戰鬥，普天無吏橫索錢（晝夢）

幾時高議排金門，各使蒼生有環堵（寄柏學士林居）

杜甫對於四海蒼生深摯的同情，來自他的人道主義；而他的人道主義，無疑是植根於孟子的「人饑己饑、人溺己溺」的仁義思想。他也以為過分的殺戮，是不可饒赦的罪惡，因此在前出塞詩中提出主張：

挽弓當挽强，用箭當用長

射人先射馬，擒賊先擒王
殺人亦有限，立國自有疆
苟能制侵凌，豈在多殺傷

杜甫處於狂風暴雨、衾冷如鐵，山中漏茅屋，床頭無乾處，極端潦倒的苦境中，自顧不暇，尚猶寄與滿目瘡痍的社會以無限同情。茅屋爲秋風所破歌末段云：

安得廣廈千萬間，大庇天下寒士俱歡顏
風雨不動安如山
嗚呼，何時眼前突兀見此屋
吾廬獨破受凍死亦足

憂以天下，樂以天下，慨然欲出斯民於水火，登諸衽席之上，此梁啟超所以推崇杜甫爲「情聖」也。

七、天倫情篇

杜甫處於戰亂時代，經常漂泊，田園寥落，骨肉流離，所謂「天屬綴人心」，他抒寫思念家族、或與妻兒生活狀況的詩篇，無不流露純眞深刻的天倫愛。

天寶末年，遭値國難，家屬離合，經過不少的酸苦。亂前，曾回家探望一次，幼子竟至餓死了。奉先詠懷有云：

老妻寄異縣，十口隔風雪
誰能久不顧，庶往共饑渴
入門聞號咷，幼子餓已卒
吾寧捨一哀，里巷亦嗚咽
所愧爲人父，無食致夭折

一字一句，都帶血淚，眞是慘絕人寰的悲劇！又一次，歷經千辛萬苦九死一生，自鳳翔行在回到鄜州探視家眷。北征有云：

況我墮胡塵，及歸盡華髮
經年至茅屋，妻子衣百結
慟哭松聲廻，悲泉共鳴咽
平生所嬌兒，顏色白勝雪
見爺背面啼，垢膩腳不襪
牀前兩小女，補綻纔過膝
……………………
老夫情懷惡，嘔泄臥數日
那無囊中帛，救汝寒凜慄

粉黛亦解包，衾裯稍羅列
瘦妻面復光，癡女頭自櫛
學母無不爲，曉妝隨手抹
移時施朱鉛，狼藉畫眉闊
生還對童稚，似欲忘飢渴
問事競挽鬚，誰能卽嗔喝
翻思在賊愁，甘受雜亂聒

劇憐兒女饑寒，妻衣百結；後來粉黛解包，畫眉挽鬚，具見詩人慈祥，亦淒涼，亦溫暖。再看描寫與家人久別重逢，亦驚亦喜，恍如隔世的羌村詩（三首之一）：

崢嶸赤雲西，日脚下平地
柴門鳥雀噪，歸客千里至
妻孥怪我在，驚定還拭淚
世亂遭飄蕩，生還偶然遂
鄰人滿牆頭，感嘆亦歔欷
夜闌更秉燭，相對如夢寐

詩人道路輾轉的艱辛，長安陷賊的淒苦，老妻維持家計的窘迫，思念遠人的焦慮，可以想像得之！

杜甫自己直系小家庭的光景，固然困苦非常，夫妻愛情卻是穠摯。陷賊之際，曾有思家的月夜：

今夜鄜州月，閨中只獨看
遙憐小兒女，未解憶長安
香霧雲鬟溼，清輝玉臂寒
何時倚虛幌，雙照淚痕乾

此類緣情旖旎之作，杜集中很少見，但已足證明詩人是一位溫柔細膩的好丈夫！又述懷末段：

自寄一封書，今已十月後
反畏消息來，寸心亦何有

吐露思家之愁，較諸「近鄉情更怯，不敢問來人」，更深一層。又春望一首：

國破山河在，城春草木深
感時花濺淚，恨別鳥驚心
烽火連三月，家書抵萬金
白頭搔更短，渾欲不勝簪

憂國懷鄉，通篇沈痛，亂離中人讀此，不知涕淚之何從矣！詩人後來流寓梓州，家小留在成都，放不下心，有客夜一首：

客睡何曾着，秋天不肯明

入簾殘月影，高枕遠江聲
計拙無衣食，途窮仗友生
老妻書數紙，應悉未歸情

窮途潦倒，說得何等淒涼，何等眞摯！一把辛酸淚，原諒惟老妻！杜甫教子，詩云：

應須飽經術，已似愛文章
十五男兒志，三千弟子行
曾參與游夏，達者得升堂（元日又示宗武）

具見耳提面命，循循善諄之情，況且始終不離儒家之道。杜甫對於戰亂遙隔的弟妹，亦備極關懷，詩云：

露從今夜日，月是故鄉明
有弟皆分散，無家問死生（月夜憶舍弟）
有弟有弟在遠方，三人各瘦何人强
生別展轉不相見，胡塵暗天道路長（同谷七歌之三）
有妹有妹在鍾離，良人早歿諸孤癡
長淮浪高蛟龍怒，十年不見來何時（同谷七歌之四）

弟妹悲歌裡，乾坤醉眼中（九日登梓州城）

海內風塵諸弟隔，天涯涕淚一身遙（野望）

詩人以眞情至性凝成的思念，自是刻骨銘心，感人肺腑。要之，所謂「父義、母慈、兄友、弟恭、子孝」的家庭倫理，皆備於杜甫一身矣。

八、友道純摯

杜甫交遊甚廣，散見於詩集而常有酬酢者，不下數十人。他的才性、懷抱，非常純厚，最能欣賞有才華的賢士詩豪，彼此意氣相感、思潮相激，純粹的友情自然流露無遺。其有關李白、高適、鄭虔的詩篇，足爲代表。杜集中，贈李白的詩，凡十見，如與李十二白同尋范十隱居：

李侯有佳句，往往似陰鏗

余亦東蒙客，憐君如弟兄

醉眠秋共被，攜手日同行

更想幽期處，還尋北郭生

……………………

杜甫早年與李白同遊歷下，兩人情誼之篤，躍然紙上，亦可見他對李白的虛心傾慕。稍後，杜甫在長安（李白尚遊吳），有春日憶李白詩：

白也詩無敵，飄然思不群
清新庾開府，俊逸鮑將軍
渭北春天樹，江東日暮雲
何時一尊酒，重與細論文

二人往日抵掌談心的歡愉，可以想像得之。夢李白（二首錄一）云：

故人入我夢，明我長相憶
恐非平生魂，路遠不可測
魂來楓林青，魂返關塞黑
君今在羅網，何以有羽翼
落月滿堂梁，猶疑照顏色
水深波瀾闊，無使蛟龍得

安史之亂，杜甫客秦州，爲李白繫獄的不幸遭遇，寢寐難安；夢中疑猜，深情款款。「落月屋梁」、「暮雲春樹」，至今傳爲懷友的佳話。杜甫與文武兼資的高適，在長安曾有交往，後來高適遠宦在蜀，時有歡聚。奉簡高三十五使君云：

當代論才子，如公復幾人
驊騮開道路，鷹隼出風塵

行色秋將晚，交情老更親
天涯喜相見，披豁對吾眞

一片眞情，最是好詩。杜甫與號稱「詩書畫三絕」的廣文館博士鄭虔，最稱莫逆，互爲學術之交、文章之交，貧賤之交。醉時歌云：

諸公袞袞登臺省，廣文先生官獨冷
甲第紛紛厭粱肉，廣文先生飯不足
先生有道出羲皇，先生有才過屈宋
德尊一代常坎坷，名垂萬古知何用……
得錢卽相覓，沽酒不復疑
忘形到爾汝，痛飲眞吾師
清夜沈沈動春酌，燈前細雨簷花落
但覺高歌有鬼神，焉知餓死塡溝壑

其推重之意，已自不凡；而「清夜沈沈動春酌，燈前細雨簷花落」一段，尤見二人之深誼。及虔貶官，垂老投荒又未及面別，有詩送之：

鄭公樗散鬢成絲，酒後常稱老畫師
萬里傷心嚴譴日，百年垂死中興時

倉皇已就長途往，邂逅無端出餞遲
便與先生成永訣，九重泉路盡交期（送鄭虔貶台州司戶）

無限痛楚，情見乎詞。杜甫僅以懷友之詩而言，遠較李白爲懇摯。

九、仁民愛物

杜甫的同情心，不止限於人類，對於鳥獸、蟲魚、草木，都寄以惻隱、慈悲。有一首詩，贈給供他騎過多年的病馬：

乘爾亦已久，天寒關塞深
塵中老盡力，歲晚病傷心
毛骨豈殊衆，馴良猶至今
物微意不淺，感動一沈吟（病馬）

彷彿對待患難朋友一般。杜甫看見一隻小鷄被縛出賣，爲之解縛，亦油然激起不忍之心，詩云：

小奴縛鷄向市賣，鷄被縛急相喧爭，
家中厭鷄食蟲蟻，不知鷄賣復還烹
蟲鷄於人何厚薄，吾叱奴人解其縛
鷄蟲得失無了時，注目寒江倚山閣（縛鷄行）

狗有靈性有義氣，亦得詩人垂憐，詩云：

舊犬知愁恨，垂頭傍我床（得舍弟消息）

舊犬喜我歸，低徊入衣裾（草堂）

即使小小「促識」，似乎也有靈性，彼此交感，物我共鳴，詩云：

促識甚微細，哀音何動人

草根吟不穩，牀下意相親

久客得無淚，故妻難及晨

悲絲與急管，感激異天眞（促織）

對於一棵乾枯的橘樹，杜甫也會觀察入神，寄予深情：

蕭蕭半死葉，未忍別故枝（病橘）

此外，諸如：

自去自來梁上燕

相親相近水中鷗（江村）

穿花蛺蝶深深見

點水蜻蜓款款飛（曲江）

築場憐穴蟻

拾穗許村童（暫往白帝復還東屯）

等等，不勝徧舉，無不是「天地與我並生，萬物與我爲一」的仁者胸懷之體現，亦即儒家「仁民、愛物」的眞諦所在。

第六章　日常生活世界

——略窺老杜閒適詩

世稱杜甫爲「詩史」，所注重的是杜詩對國家大事的反映；其實，他所記錄的個人日常生活，比起記載時事，更爲豐富。

當我們按照杜甫年譜，順序逐章讀其詩時，彷彿見到這位大詩人最平凡、而又最不平凡的一生。不然，我們對他將無從獲致全貌通體的認識，僅是片面的、局部的感受而已。在中國詩歌發展史上，可以說，是由杜甫奠定了「日常生活」的詩歌傳統之基礎；憑他寫實態度與口語色彩，更顯得其人的眞摯而親切。

在杜甫之前，所有詩人儘多詠懷、遊仙、山水、宮體、應制、應酬之作，殊少能以平常眼光與心靈對待世界及人生者；大概只有在陶淵明身上，可以感覺到平凡而親切的日常生活。淵明先生，眞是一位超時代的例外。然而，淵明所表現的日常生活，幅度尙欠廣濶，與三百年後的杜甫相比，只能算是開端。因此，杜甫在描述日常生活方面，是淵明眞正的繼承人。但不知何故，元稹爲他所撰墓銘論贊，未見提及此義；迨乎秦觀，方始推重杜詩含有「淵明的冲澹」，說得比較切實。原來杜詩關於日常生活的表述，幅度更加廣濶；而且馬上有韓愈、白居易乃至兩宋諸家爲繼承人，綿延傳統於不絕。因此，我們可以說，杜甫是日常生活的詩歌之開拓者。

盛唐固然是中國詩歌的黃金時代，作家多，作品富，可是作品大半屬於應酬性質；換言之，盛唐猶未脫離以「社交詩」爲主調的時代，作者每藉詩歌爲社交工具，而遺忘個人情志的表達。一般而論，社交詩往往言不由衷，華而不實，雖有好詩；天生雍容華貴如王維，個性鮮明如李白之流，則不在此限。至於非社交詩，一般又是傳統題材的承襲。眞正屬於盛唐詩人獨創、或大力發展之題材，只有寫實的邊塞詩、題畫詩、詠音樂、及感嘆科第的不得意等數種而已。要之，從生活題材來品鑑盛唐詩人，則其生活天地終究不免狹窄，這可能使後世感到意外。

杜甫則不然，其詩集中，有相當完整的個人生活紀錄。譬如，從安史之亂前夕，直到他病逝衡湘之間，行踪歷歷可稽，因而不難了解他每一階段的生活情況。大而朝政時事，小而個人生活細節，一一反映於詩。茲且就其小者，列擧於後，以明杜詩所呈現的日常生活層面。諸如：

一、在秦州

肅宗乾元二年（七五九），杜甫棄官，自關輔西到秦州，又從秦州到同谷，從同谷到成都，這是他最艱苦的一次逃難，也是生平最困頓的遭際。試看秦州雜詩（廿首）：

　　滿目生悲事，因人作遠遊

遲廻度隴怯，浩蕩及關愁

水落魚龍夜，山空鳥鼠秋

西征問烽火，心折此淹留（第一首）

記述初至秦州心境，及沿途所見。（「魚龍」，水名，卽魚龍川。「鳥鼠」，山名，在隴西首陽縣境）

苔蘚山門古，丹青野殿空

月明垂露葉，雲逐度溪風（第二首）

詠秦州古蹟。「月明」、「雲逐」一聯，亦頗警策。

莽莽萬重山，孤城石谷間

無風雲出塞，不夜月臨關（第七首）

見景感時。因爲山多，無風而雲常出塞；城迥，不夜而月先臨關。此聯，妙在純寫景。

今日明人眼，臨池好驛亭

叢篁低地碧，高柳半天青

稠疊多幽事，喧呼閱使星

老夫如有此，不異在郊坰（第九首）

詠秦州驛亭，見景興感。叢篁高柳，驛亭臨池，景色之佳，四句中，盡點出。可惜該處稠疊幽致，徒供使客往來而已。由於當時吐蕃爲患，朝廷遣使欲與通好，故僕僕於途。杜甫認爲：若使自己這個「

老夫」得此，雖處於喧囂之地，實不異於郊居矣。

萬古仇池穴，潛通小有天
神魚今不見，福地語相傳
近接西南境，長懷十九泉
何時一茅屋，送老白雲邊（第十四首）

詠古蹟仇池穴，可知其地有如仙境。杜甫未至其地，卻是有「送老」於斯之意。「福地」，用道家故事。

邊秋陰易夕，不復辨晨光
簷雨亂淋幔，山雲低度牆
鸕鷀窺淺井，蚯蚓上深堂
車馬何蕭索，門前百草長（第十七首）

敍寫客居秦州時苦雨的情景。「陰易夕」、「不復辨晨光」，是說曉夜皆雨。「雨亂淋幔」、「雲低度牆」、「鸕鷀窺淺井」以求食、「蚯蚓上深堂」而避溼，描寫雨中景物，巧妙細膩之至。「車馬蕭索」、「門前百草」，則反襯深沈的愁悶，隱約透出不耐之情。

唐堯眞自聖，野老復何知
晒藥能無婦，應門亦有兒

藏書聞禹穴，讀記憶仇池

爲報鴛行舊，鷦鷯在一枝（第廿首）

詩人感慨不見用而落拓異地。「自聖」，是說讒言不能入；「何知」，是說朝政不忍聞。顯然，這已不是「自比稷與契，麻鞋見天子」的杜甫了！「禹穴」、「仇池」，一在蜀中，一在同谷。「怨行舊」，指昔日朝班；「鷦鷯」，杜甫自比爲小黃雀，意在待擇可棲之「一枝」。

杜甫這廿首雜詩，是由入秦州起，至欲離秦州終，即景抒懷，而彙成一什。他在秦州，前後僅三個月餘，吟詠卻不少。分別記其所見、所聞、所遇、所感。看似凌亂，實則多采多姿極有條理。在其全部作品中，堪謂另樹一格。我們今日讀之，彷彿有如日記。

是年（七五九）十月，杜甫自秦州赴同谷。途中，有遺懷詩一首：

愁眼看霜露，寒城菊自花

天風隨折柳，客淚墮清笳

水靜樓陰直，山昏塞日斜

夜來歸鳥盡，啼殺後棲鴉

句句詠景，句句言情。觸景傷懷，淒涼慘惻，讀之令人鼻酸欲涕。杜詩多用「自」字，篇中「寒城菊自花」句，即其一例。彷彿天地景物，非爲我設；詩人不慊時，不適意，亦可想而知矣。

杜甫旅途，自非一宿，紀行亦不止一詩，依次有發秦州、赤谷、鐵堂峽、鹽井、寒峽、法鏡寺、青陽峽、龍門鎮、石龕、積草嶺、泥功山、鳳皇台等篇，皆是也。就中，以發秦州一首，最爲詳備：

我衰更懶拙，生事不自謀
無食問樂土，無衣思南州
漢源十月交，天氣如涼秋
草木未黃落，況聞山水幽
栗亭名更嘉，下有良田疇
充腸多薯蕷，崖蜜亦易求
密竹復冬筍，清池可方舟
雖傷旅寓遠，庶遂平生遊
此邦俯要衝，實恐人事稠
應接非本性，登臨未銷憂
谿谷無異石，塞田始微收
豈復慰老夫，惘然難久留
日色隱孤戍，烏啼滿城頭
中宵驅車去，飲馬寒塘流
磊落星月高，蒼茫雲霧浮

大哉乾坤內，吾道長悠悠

「樂土」，指同谷。因同谷未遭禍亂，杜甫方擬往就之。「樂土」，亦喻同谷。本詩首敍啟行大意，次述同谷之當居；繼言秦州之當去，末寫臨發情景。自此篇看到同谷七歌，分明杜甫初欲往時，想像同谷有許多好處，直謂可以安身立命；及既到了，又一刻不自安。所寫情景最眞，足與稍後之發同谷縣（自同谷赴成都）詩，互相輝映。

詩人經過長途跋涉，終於抵達心目中的「樂土」南州，到底這個「樂土」的景況如何？乾元中（七五九）寓居同谷縣作歌七首，可謂和盤托出。七歌略云：

有客有客字子美，白頭亂髮垂過耳
歲拾橡栗隨狙公，天寒日暮山谷裡
中原無書歸不得，手腳凍皴皮肉死（一歌）
長鑱長鑱白木柄，我生托子以爲命
黃獨無苗山雪盛，短衣數挽不掩脛
此時與子空歸來，男呻女吟四壁靜（二歌）
有弟有弟在遠方，三人各瘦何人强
生別展轉不相見，胡塵暗天道路長（三歌）
有妹有妹在鍾離，良人早歿諸孤癡

長淮浪高蛟龍怒，十人不見來何時（四歌）
我生何爲在窮谷，中夜起坐萬感集（五歌）
南有龍兮山有湫，古木巃嵸枝相樛
我行怪此安敢出，拔劍欲斬且復休（六歌）
生不成名身已死，三年饑走荒山道
長安卿相多少年，富貴應須致身早（七歌）

杜甫寓居同谷，爲時甚暫，前後不逾兩閱月。景況是：無衣無食，仰人鼻息；雖自力更生，而「橡栗」、「黃獨」羅掘俱空，不免凍餒，痛及妻孥。猶念弱弟、寡妹，路遙別久，恐無見期。窮老流離，悲不自勝。至歲暮時節，便悄然離去。循隴右谿赴成都，從此落籍於浣花溪畔。臨行時，有發同谷縣詩一首，詳紀行踪：

賢有不黔突，聖有不煖席
況我飢愚人，焉能尚安宅
始來茲山中，休駕喜地僻
奈何迫物累，一歲四行役
忡忡去絕境，杳杳更遠適
停驂龍潭雲，迴首虎岩石

臨歧別數子，握手淚再滴
交情無舊深，窮老多慘慼
平生懶拙意，偶值棲遁跡
去住與願違，仰慚林間翮

自嘆行踪無定。一年之中，自東都而華州，自華州而秦州，自秦州而同谷，又自同谷而赴成都，故云「四行役」。前四句以古事自解，後四句以勞生自慨。「忡忡」、「杳杳」一聯，寫活他自己當時栖栖遑遑的心態。

自發同谷縣之後，連接有木皮嶺、白沙渡、水會渡、飛仙閣、五盤、龍門閣、桔柏渡、劍門、鹿頭山、成都府等篇，清楚記述一路行程及旅途心情。

二、在成都

到了成都，定居於府城西郊浣花溪畔。有卜居詩一首，敍景兼書懷：

浣花溪水水西頭，主人爲卜林泉幽
已知出郭少塵事，更有澄江銷客愁
無數蜻蜓齊上下，一雙鸂鶒對沈浮
東行萬里堪乘興，須向山陰上小舟

詩人勝地初到，感物鮮新，故作快心語。又堂成一首：

背郭堂成蔭白茅，緣江路熟俯青郊
榿林礙日吟風葉，籠竹和煙滴露梢
暫止飛鳥將數子，頻來燕語定新巢
旁人錯比揚雄宅，懶惰無心作解嘲

前首卜居詩，所寫是溪上外景；此首堂成詩，所寫則是堂前內景。前者是天然自有，此景則人工所致。杜集之中，自卜居以迄堂成，連續有王司馬遺營草堂貲、蕭明府處覓桃栽、從韋明府覓綿竹、憑何少府覓榿木栽、憑韋少府覓松樹子栽，又於韋處乞大邑瓷盌、詣徐卿覓果栽等篇，如此一系列、大規模敍寫營屋的經過，彷彿生活日記，古今詩壇殊屬少見！

堂成之後，居有定所，杜甫遂興感而作狂夫一詩。景況雖猶艱難，卻是已能憑笑傲自解了。

萬里橋西一草堂，百花潭水卽滄浪
風含翠篠娟娟淨，雨裛紅蕖冉冉香
厚祿故人書斷絕，恒飢稚子色淒涼
欲塡溝壑惟疏放，自笑狂夫老更狂

詩人心緒已顯然見出「疏放」了。「風含」、「雨裛」一聯，色彩鮮明，堪以象徵。狂夫之外，又有賓至、有客、北鄰、南鄰等詩，同樣在記述其堂成後的斷續交遊。茲以賓至一首爲代表：

幽棲地僻經過少，老病人扶再拜難

豈有文章驚海內，漫勞車馬駐江干
竟日淹留佳客坐，百年粗糲腐儒餐
不嫌野外無供給，乘興還來看藥欄

杜甫的詞人聲價，高士性情，種種都在詩中見到了。篇末並透露詩人經營藥欄作為生資的消息。然而當時頗能表達杜甫的閒適，及其輕鬆的生活情趣者，則是江邨一詩：

清江一曲抱村流，長夏江邨事事幽
自去自來梁上燕，相親相近水中鷗
老妻畫紙為棋局，稚子敲針作釣鈎
多病所須唯藥物，微軀此外更何求

「此詩見瀟灑流逸之致，迥出其他篇章。」（黃生評）「燕鷗二句，見物我忘機；妻子二句，見老小各得。蓋多年匍匐，至此始得少休也。」（仇兆鰲注）可惜杜甫的閒適，為時甚暫。大概入蜀以後，詩人生命的季節，已是由夏入秋，烈焰漸退，清光遂發，因此不乏心境寬逸、樂天安命的作品。凡是他愉快的閒適詩，大抵歌詠自然；不消說，這都是他日常生活幅度以內的事。世之研究杜詩者，往往只着眼於他的「社會詩」，或只偏重他「實大聲弘」之類的篇章，都未免以偏概全，不切實際。

三、在夔州

又代宗大曆元年（七六六）的春天到三年正月，杜甫住在夔州。這兩年間，前前後後，他寫過許多日常生活的瑣事，篇題有：

引水、信行遠修水筒、催宗文樹鷄柵、驅豎子摘蒼耳、種萵苣；園、園官送菜、園人送瓜、課伐木、張望補稻畦水歸、張望督促東渚耗稻；課小豎鉏斫果林、寒雨朝行視園樹、茅堂檢校收稻、刈稻了詠懷。

等等，一望而知，日常生活是他詩中必不可少的題材；反之，詩也是他日常生活的一部分。杜甫如此網羅詩材、開拓詩境的努力，確是其他同一時代的盛唐詩人所不能者，或且所不屑者。單憑此數篇內容而言，我們已可略窺杜甫甘在其中，也樂在其中的況味了。例如：

白帝城西萬竹蟠，接筒引水喉不乾（引水）

夔俗無井，皆以竹筒引山泉而飲，蟠屈山腹，有至數百丈者。詩人處此，深感生理之難。

愈風傳烏鷄，秋卵方漫喫

自春生成者，隨母向百翮（樹鷄柵）

烏雌鷄，治風溼痳痺。春卵可以抱育，故秋卵方纔充食。詩人「愛物」之仁可知。

卷耳況療風，童兒且時摘

侵星驅之去，爛漫任遠適（驅豎子摘蒼耳）

「卷耳」即「蒼耳」，主療風溼。驅頑童遠摘，晨去午歸，爲的是避瘴氣及暑氣。透露出老詩人，對摘蒼耳的羣兒深切的愛憐。

仲夏流多水，清晨向小園
碧溪搖艇濶，朱果爛枝繁
始爲江山靜，終防市井喧
畦蔬繞茅屋，自足媚盤飧（園）

上四句寫赴園之景，下四句言赴園之故，吐露詩人怡悅之情。

食新先戰士，共少及溪老
傾筐蒲鴿青，滿眼顏色好（園人送瓜）

承人送瓜，與溪上老農分多共少，詩人本色足賞！

長夏無所爲，客居課奴僕
清晨飯其腹，持斧入白谷
青冥曾巔後，十里斬陰木
人肩四根已，亭午下山麓
尙聞丁丁聲，功課日各足（課伐木）

此篇序文說：「作詩示宗武誦。」無非使知作客之甘苦，詩人的庭訓，可見一斑。

東渚雨今足，佇聞粳稻香

上天無偏頗，蒲稗各自長

……………………

穀者命之本，客居安可忘

青春具所務，勤懇免亂常（張望督促東渚耗稻）

詩顯然是陶公一派，而微加沈鬱之思。

衆壑生寒早，長林卷霧齊

青蟲懸就日，朱果落封泥

薄俗防人面，全身學馬蹄

吟詩重回首，隨意葛巾低（課小豎鋤斫舍北果林三首之二）

籬弱門何向，沙虛岸只摧

日斜魚更食，客散鳥還來

寒水光難定，秋山響易哀

天涯稍曛黑，倚杖獨徘徊（課小豎助斫舍北果三首之三）

前首寫舍北朝景，後首寫舍北暮景。二詩暗示當地人情之薄，不及浣花溪鄉曲多矣。

江上今朝寒雨歇，籬邊秀色畫屏紆

桃蹊李徑年雖古，梔子紅椒豔復殊
鎖石藤梢元自落，倚天松骨見來枯
林香出實垂將盡，葉蒂辭枝不重蘇
愛日恩光蒙借貸，清霜殺氣得憂虞（寒雨朝行視園樹）

從詩題「視」字出發，將新舊榮枯，一一寫出，亦平實，亦鮮明。

香稻三秋末，平疇百頃間
喜無多屋宇，幸不礙雲山（茅堂檢校收稻）

穫稻空雲水，川平對石門
寒草疏草木、旭日散鷄豚（刈稻了詠懷）

以上二詩，描寫秋收之後；寒村景象，有如畫幅。

其實，杜甫記述日常生活中的小事物與小感情，原不止於上引秦州避難、同谷困阨、成都浣花溪卜居，以及夔州寄寓所寫種種，只是從上引作品內容所涵蓋的日常生活範圍，可以切實反映杜甫的意識形態。杜甫固然也能如同盛唐一般詩人，板起臉孔寫冠冕堂皇的社交詩，更能嚴肅詠歌雄壯的場面，且最擅勝場；但尤其不可忽視的，則是杜甫對於身邊的細節瑣事，一向所抱持的欣賞態度。杜甫最早期的作品，即有這種傾向。例如與許主簿遊南池：

晚涼看洗馬

森木亂鳴蟬

相邀愧泥濘

騎馬到階除

對雨書懷走邀許主簿：

一般詩人習慣上以為「晚涼看洗馬」，無甚稀奇；「相邀愧泥濘，騎馬到階除」，並不顯得「高尚」，遂不輕易甚至不屑寫進詩中。然而杜甫卻深以為「美」，毫不避忌的選為詩材，眞是親切宜人，趣味盎然！正因為他是一位能從平凡中見出不平凡，永不失其「赤子之心」的「情聖」！

四、景物的體會與人情的描寫

杜甫的日常生活意識，從醞釀到發揮，我們可以作更進一步的說明：㈠是杜甫對日常景物的體會；㈡是杜甫對日常人情的描繪。關於第一點，先當承認大自然景物的狀貌，常常是我們內在心態及情緒向外投射之結果。試看下列描寫自然風光的三首詩：

三月桃花浪，江流復舊痕

朝來沒沙尾，碧色動柴門

接縷垂芳餌，連筒灌小園

已添無數鳥，爭浴故相喧（春水）

黃師塔前江水東，春光懶困倚微風
桃花一簇開無主，可愛深紅映淺紅（江畔獨步尋花七絕句之五）

黃四娘家花滿蹊，千朵萬朵壓枝低
留連戲蝶時時舞，自在嬌鶯恰恰啼（江畔獨步尋花七絕句之六）

杜甫從從容容抒寫對春光的賞愛，以及對春花的流連。他只是沈迷在自然風光之中，他只是寫可愛的日常景物，有誰更能表現這般「物我兩忘」欣然自得的境界呢？無怪劉須溪評云：「每誦數過，可歌可舞能使老人復少。」又一首：

坦腹江亭暖，長吟野望時
水流心不競，雲在意俱遲
寂寂春將晚，欣欣物自私
故林歸未得，排悶强裁詩（江亭）

「水」與「雲」，正是象徵「心不競」、「意俱遲」的精神狀態。與前三首合觀，可見老杜當時心境之閒適，並且足以說明外間景物恒與內心情懷互爲表裡之蘊義。

一般的山水詩也是以自然風光爲題材，然而山水詩背後每每潛含兩種意識：一是隱士心態；一是透過山水以參悟的釋、道思想。承襲謝靈運精神的盛唐詩人，往往如此；王維、孟浩然、儲光義諸家其尤著者。往後，韋應物、柳宗元而外，未見有何高手繼起。杜甫的自然詩，則是代有傳人，如白居易、如蘇軾、如范成大、如楊萬里……緜延不絕，都是巨匠名家。於此可見杜甫的開風氣，垂典範，影響多麼深遠！

再者，杜甫一派的自然詩，取材大體以「眼前景」爲主，信手拈來，無施而不可，所以與日常生活密切相結合。謝靈運一派的山水詩，總是以清幽的山景爲主，而且很少以動物爲描寫對象；杜甫一派描寫動物則屢見不鮮。小動物之入杜甫詩者，諸如：

風輕粉蝶喜，花暖蜜蜂喧（敝廬遣興奉寄嚴公）

紫燕時翻翼，黃鸝不露身（柳邊）

飛來兩白鶴，暮啄泥中芹（暇日小園散病）

犬迎曾宿客，鴉護落巢兒（重遊何氏五首之二）

蜜蜂蝴蝶生情性，偸眼蜻蜓避伯勞（風雨看舟前落花）

門外鸕鶿去不來，沙頭忽見眼相猜（三絕句）

孰知芳齋絕低小，江上燕子故來頻

銜泥點汚琴書內，更接飛蟲打着人（絕句漫興九首之三）

水深魚極樂，林茂鳥知歸（秋野）

草露亦多溼，蛛絲仍未收（獨立）

鸕鶿西日照，晒翅滿漁梁（田舍）

仰蜂粘落絮，行蟻上枯梨（獨酬）

鳥下竹根行，龜開萍葉過（屏跡）

花鴨無泥滓，階前每緩行

羽毛知獨立，黑白太分明（花鴨）

鵝兒黃似酒，對酒愛新鵝
引頸嗔船逼，無行亂眼多（舟前小鵝兒）；

風鴛藏近渚，雨燕集深條（朝雨）

細雨魚兒出，微風燕子斜（水檻遣心二首之一）

震雷翻暮燕，驟雨落河魚（對雨書懷）

泥融飛燕子，沙暖睡鴛鴦（絕句二首之一）

魚吹細浪搖歌扇，燕蹴飛花落舞筵（城西陂泛舟）

這些詩，寫來句句傳神，具有獨到之處，正由於詩人的觀察入微，詩藝純熟。尤其如「龜開萍葉過」之類，筆觸何等細膩，畫面何等生動！

還有，運用俗語的句子，諸如：

數日不可更「禁當」(春水生二絕之二)

「斬新」花蕊未應飛(三絕句之一)

會須「上番」看成竹(三絕句之三)

「遮莫」鄰雞下五更(書堂飲既月下賦絕句)

「頓頓」食黃魚(戲作俳諧體遣悶二首之一)

「禁當」，有「怎當得起」之意。「斬新」，即簇新。「上番」，屢屢之意。「遮莫」，隨他、任他之意。「頓頓」，每次用飯之謂。都是當時方言俚語，杜甫卻能融入詩句，化俗爲雅。這一方面是受到民歌的影響，另方面也是爲了記實存眞。至於口語化的句子，則如：

客愁那聽此(子規)

野老牆低還是家(漫興九首之二)

更接飛蟲打著人（漫興九首之三）

梅熟許同朱老喫（絕句四首之一）

兩箇黃鸝鳴翠柳（絕句四首之三）

自今以後知人意，一日須來一百回（三絕句之二）

等等，都近似說話，毫無裝腔，而風味十足。這樣的自然界，就是日常生活的自然界，親切動人，平凡宜人；絕非山水詩的清幽絕人，不食烟火於人！

杜甫描寫宏壯的場面，其磅礴的氣魄及動態，與屈原、李白難分軒輊；但若從廣濶的時空，降落人間而摹狀日常景物，杜甫畢竟逈出二家之上。杜甫之善於描寫纖小、恬靜悠閒的景物，在中國詩史上，無出其右者。除上述以小動物爲題材之外，其餘描寫自然風光的閒適詩，正復不少。

花濃春寺靜，竹細野池幽（上牛頭寺）

小雨晨光內，初來葉上聞（晨雨）

蟬聲集古寺，鳥影度寒塘（和裴廸登新津寺）

仲夏苦夜短，開軒納微涼（夏夜歎）

圓荷浮小葉，細麥落輕花（爲農）

紅入桃花嫩，青歸柳葉新（早春作）

秋水清無底，蕭然淨客心（劉九法曹石門宴集）

水碧鳥逾白，山青花欲燃（絕句二首之二）

恰似春風相欺得，夜來吹折數枝花（絕句漫興九首之二）

蒼苔濁酒林中靜，碧水春風野外昏（絕句漫興九首之六）

江深竹靜兩三家，多事紅花映白花（江畔獨步尋花七絕句之三）

短短桃紅臨水岸，輕輕柳絮點人衣（十二月一日三首之三）

皆是白描自然，不用隱喻，而日常景物，歷歷如在目前。題材儘管平凡，但經詩人妙筆一勾，即時神韻畢具。又譬如喜雨一首：

好雨知時節，當春乃發生
隨風潛入夜，潤物細無聲
野徑雲俱黑，江船火獨明
曉看紅溼處，花重錦官城

開首平淡之極，幾乎令人失望；但愈後愈佳，子美終將一般詩人所不能描狀的感覺、神韻，完全揭示。細體其味，簡直入於「化工」之境了！

杜甫對日常景物的體察工夫既如上述，至於對日常人情的描繪，包括妻兒、弟妹、朋友，亦都已見於前章，毋需複述。現在且看他日常待客與處鄰之道如何？

舍南舍北皆春水，但見羣鷗日日來
花徑不曾緣客掃，蓬門今始爲君開
盤飧市遠無兼味，樽酒家貧只舊醅
肯與鄰翁相對飲，隔籬呼取盡餘杯（客至）

有家居的悠閒，有客至的喜悅，氣氛溫暖如春，人情味極其濃郁。詩人個性的眞率醇厚，亦流露無遺。

杜甫對人情的體貼，更見於又呈吳郎一詩：

堂前撲棗任西鄰，無食無兒一婦人
不爲困窮寧有此，祇緣恐懼轉須親
卽防遠客雖多事，使插疏籬卻甚眞
已訴徵求貧到骨，正思戎馬淚盈巾

只因在夔州時，一位鄰舍老貧婦偷食他的園棗被發現，不勝惶恐，卻引發詩人的無限憐憫。可見杜甫對人情體悟之深，這也是他一向同情下層社會的明證。杜甫之能體會別人的苦楚，是由於早年遭受貧窮煎熬，較任何詩人爲多爲深之故：

飢臥動卽向一旬，弊裘何啻聯百結

君不見空牆日色晚，此老無聲淚垂血（投簡咸華兩縣諸子）

這「無聲的血淚」，曾是他的自狀，遂使之成爲當世貧苦大衆的申訴人。

杜甫本其「四海之內皆兄弟」的襟懷，每每與田翁野老相狎蕩，由由然不忍去，而沈醉其間。例如遭田父泥飲：

酒酣誇新尹：「畜眼未見有」。回頭指大男：「渠是弓弩手；名在飛騎籍，長番歲時久；前日放營農，辛苦救衰朽；差科死則已，誓不舉家走；今年大作社，拾遺能住否？」叫婦：「開大瓶，盆中爲我取！」……朝來偶然出，自卯將及酉，久客惜人情，如何拒鄰叟？高聲索果栗，欲起時被肘；指揮過無禮，未覺村野醜。月出遮我留，仍嗔問升斗。

這首詩，把鄉下老百姓極粹美的眞性情，一齊活現。他們父子、夫婦之間，何等親熱！對國家的義務心，何等鄭重！對社交的態度，何等慷慨懇切！詩人描寫篇中人物的心理、面孔、言辭及動作，處處傳神；儼如一幅絕好的「風俗畫」。言外也隱然透露兵荒馬亂的時代，百姓生事的艱難。除了杜甫，深刻記錄中國農民的淳厚性格，使之與自己日常生活世界相結成的，還有誰呢？

第七章　詩藝概觀

杜甫之所以被推尊爲「詩史」，主要是因爲他記錄了唐代社會的風貌。然而，此一記錄任務，除了杜甫，尚有其他作者；其他作者的實錄、檔案，所記載的可能比杜詩更爲詳盡。杜甫與其他作者的最大區別，在於杜甫留給後世的是藝術，而不是資料。當代的見聞和生活風貌，未成爲藝術之前，只是藝術的素材。所以一味討論杜甫的現實精神，而不强調其藝術，對杜甫是不公平的。

煉字、鑄句、屬聯，是詩歌藝術的基本工夫；但決定字、句、聯，臻於圓滿之境者，卻是章法，也就是全篇的結構。結構謹嚴的詩篇，貴乎「屬對穩、遣事切、捶字老、結響高」。律詩、絕句，文詞簡約，寄興深微，尤非精於修辭者不易爲功。煉字、鑄句，可比個人練武，謀篇可比用兵佈陣。不能用兵佈陣，卽使士兵勇敢善戰，也只能贏取零星小回合，而敗於總體戰。有句無篇的詩人，只能取勝於小場面之游擊，以偶有斬獲爲已足；無句無篇的作者，不用提了。至於杜甫，卻大戰、小戰，所向皆捷，無往不利，正如老將用兵。所以文心雕龍章句篇說：「夫人之立言，因字而生句，積句而成章，積章而成篇。篇之彪炳，章無疵也；章之明靡，句無玷也；句之清英，字不妄也。振本而末從，知一而萬畢矣。」玆分別探討杜甫的字法、句法、章法以及隸事的訣竅，以見其詩藝的工妙。先從煉字說起：

一、煉字

傳統論者所謂的煉字，其實也就是煉意、煉景。詩人煉字，目的是追求文字的高度準確。文字準確，意和景往往就「恰到好處」，而「準」在其中了。有關鍊字的方法，首須重視詩句中的「詩眼」。所謂「眼」者，句中精要之字也；五律，尤須講究此「一字之工」。五言詩句中，常以第三字爲機紐；七言詩句中，常以第五字爲機紐。因之，五言第三字與七言第五字，並有「詩眼」之稱。前人說「眼用實字方健」；所謂實字，即今所謂名詞，動詞等，名詞尤爲舊詩中所習用。又說：「眼要用響字」，因眼爲致力處，用響字可借聲音表達情味。除了鍊「詩眼」以外，鍊其他各字，也不可馬虎。鍊字工者，則意勝，景勝，能使平字見奇，常字見險，陳字見新，樸字見色。太白長於才，詩多爲一氣貫注，鮮事鍛鍊；子美長於學，則極重鍛鍊，亦卽特別注重「詩眼」；一字一詞，未煉成精金良鏐，絕不中止。而且有自知之明，嘗自評謂：「爲人性僻耽佳句，語不驚人死不休。」又云：「新詩改罷自長吟。」其忠於藝術，於此可見。

杜甫極佩服陰鏗、何遜，所以說：「頗學陰何苦用心」。譬如何遜詩：

㈠白雲巖際出，清月波中上

(二)夜雨滴空階，曉燈暗離室

杜則改爲：

(一)薄雲巖際「宿」，孤月浪中「翻」

(二)風「急」春燈「亂」，江「鳴」夜雨「懸」

凡字爲名詞，極少變化；而形容詞與動詞，則變化頗多。子美鍊字，最留心於動詞。前所舉例，宿、翻、急、亂、鳴、懸等字，都用得恰當而生動，勝於原作多多。

又如下列詩句：

(一)月「明」「垂」葉露，雲「逐」「度」溪風（秦州雜詩）

(二)寒魚「依」密藻，宿鷺「起」圓沙（草堂即事）

(三)感時花「濺」淚，恨別鳥「驚」心（春望）

(四)吳楚東南「坼」，乾坤日夜「浮」（登岳陽樓）

(五)「過」懶從衣結，「頻」遊任履穿（春日江村）

(六)星「垂」平野「濶」，月「湧」大江「流」（旅夜書懷）

(七)錦江春色「來」天地，玉壘浮雲「變」古今（登樓）

(八)波「漂」菰米「沈」雲黑，露「冷」蓮房「墜」粉紅（秋興）

(九)旌旗日「暖」龍蛇「動」，宮殿風「微」燕雀「高」（奉和賈至舍人早朝大明宮）

(十)無邊落木「蕭蕭」下，下盡長江「滾滾」來（登高）

以上明、逐、依、起、濺、驚、坼、浮、垂、湧、來、變、漂、沈、冷、墜、動、高，以及垂、度、過、頻、濶、流、暖、微、蕭蕭、滾滾等字，或爲動詞，或爲形容詞，或爲形容兼動詞，單獨看來，都抽象、空洞，但經杜甫巧妙的組合，不僅使之活力充沛，並且能把景物的情態、神韻、意境，完全烘託出來。

後之學杜者，如賈島五言詩，「僧推月下門」與「僧敲月下門」，自不能決，遂至衝犯韓愈儀仗，而韓決以「敲」字爲多一層意，且聲較洪。因此，賈有「吟成一個字，撚斷數莖鬚」之嘆。又王荆公詩：「春風又過江南岸，明月何時照我還？」幾經推敲，終於決定「春風又綠江南岸」，蓋「綠」字兼包動作與色彩，亦即動詞兼形容詞，二者俱備矣。可見「詩眼」之說，創自王荆公，不是偶然的！

詩人煉字工夫，非但關乎學養，抑且源自生活體驗，包括日常所見、所聞、所感，將己身的體驗傳給讀者，乃能使之如同親見、親聞，彷彿親臨其境，而產生共鳴。杜甫最具這種魔力，譬如下列詩句：

(一)廻眺積水外，始知衆星「乾」（水會渡）

(二)抱葉寒蟬靜，歸來「獨」鳥「遲」（秦州雜詩）

(三)光「細」弦豈上，影斜輪未安（初月）

(四)不爨「井晨」凍，無衣「牀夜」寒（空囊）

㈤水色含「羣動」，朝光切太虛（瀼西寒望）

這都是詩人自述其經驗，體物入微的結晶。詩人一旦能將最準確的文字如乾、獨、遲、細、井晨、牀夜、羣動等，予以最和諧的組合，則萬事萬物的神祕關係，就會一一展現呈露，令讀者驚奇歎服。有此高度的臻於化境的煉字工夫，無怪乎杜甫的詩往往穿幽入仄，遠非一般詩人所能企及。

此外，如秋興八首之六：

瞿塘峽口曲江頭
萬里風煙「接」素秋

試與王勃的送杜少府之任蜀州相較：

城闕輔三秦
風煙望五津

王勃詩三秦、五津兩個地名，用「風煙」相「望」，遙遙聯繫。瞿塘、曲江也是兩個地名，瞿塘近在夔州，曲江遠在長安，而「萬里風煙」將彼此天南地北「接」成一片秋氣蕭森，杜甫「接」得多麼神奇，且有氣象萬千之概。不有王勃，焉有秋興之句？杜公煉字，大抵如此。

杜詩吟「風」之句，正復不少，如：

風扇掩不定（雨）
風幔不依樓（西閣口號呈元廿一）

風簾自上鈎（月）
風前竹徑斜（草堂卽事）
風鴛藏靜渚（朝雨）
句句白描入微，看來簡直是畫風聖手了。以「爾汝」稱呼羣物，前此未有，也倡自少陵。如：
濁醪誰造汝（落日）
乘爾亦已久（病馬）
獨爾近高天（白鹽山）
忘形到爾汝（醉時歌）
滄江白髮愁看汝（見螢火）
汝與山東李白好（蘇端薛復筵醉歌）
使人讀來倍覺親切有味。再如虛字之用：
身退豈待官（渼陂西南臺）
豈有文章驚海內（賓至）
而今異楚蜀（客堂）
而多楓樹林（過津口）
白也詩無敵（春日憶李白）

甫也南北人（謁文公上方）

眼中之人吾老矣（短歌行贈天郎司直）

杜公往往優而爲之。仇兆鰲說：「詩句中用虛字，貴乎逸而有致。」謝朓詩「去矣方滯淫，懷哉罪歡宴」，不如老杜所詠：

去矣英雄事，荒哉割據心

更有遠神；老杜又詩：

古人稱逝矣，吾道卜終焉

說得韻趣。鮑明遠詩「傷哉良永矣」，黃山谷詩「得也自知之」，非不流利，但不如杜之俊逸耳。若東坡詩「倦客再遊行老矣，高僧一笑故依然」，纔是善於摹杜。

二、鑄句

由於杜甫用字、構句、謀篇，不到盡善，絕不罷休，因此在中國二三千年詩史中，能開前人未開之境。杜甫的佳篇雋句，比中國任何一個詩人爲多。所以，他敢自豪的說：「每篇堪諷誦。」（寄岑嘉州）而且他也以此自得其樂的說：「賦詩新句穩，不覺自長吟。」（長吟）杜集中，上乘的佳作，至少有一千首。杜詩的佳句，自然又不止此數。喜爲「集句」玩意者，杜集應是「取之不盡」的寶藏。

所謂句，原是一首詩中極重要的單位。一首詩中的字，可比個人，而整首詩可比社會；而句的重要性正如家庭，一方面要包涵個人，另一面又爲社會構成的基礎。文心雕龍章句篇，已論之詳矣。可是，同爲大詩人，有人似乎並不刻意鍊句，有人則俯仰其間，全心投注，彷彿大將用兵，忠臣謀國。前者如李白，後者有杜甫。中國古典詩的句法，到了杜甫手裡，由於學力之厚，用力之勤，眞是進入一片新的境域，控縱抑揚反覆廻旋，無往不利，無所不宜。在古風與樂府之中，其句法與其他大詩人相較，似無顯著差異；在律詩中，他那獨運匠心的句法，便表現得最爲生動多姿，脫棄凡近。律詩講究聲調與對仗，句法極其謹嚴，往往不免交錯甚或倒裝；然而工於鍛鍊的杜甫，則優而爲之，不但把「字」的功效發揮極致，抑且把「辭」的次序安排到最大的「張力」。此所謂「張力」，亦卽「概括力」。

縱觀中國的古典詩，常常「一句一世界」，杜甫的作品尤其如此。他所有的許多詩句，都是用極少量的字，表達極複雜、極深刻的情感，儘管它們是構造全篇的不可缺之有機部分，卽使獨立存在，也堪反覆吟誦，耐人尋味，故云「語不驚人死不休」。例如：

邊秋一雁聲（月夜憶舍弟）
江湖滿地一漁翁（秋興八首）
竹涼侵臥內（倦夜）
長雲出斷山（遠遊）
城春草木深（春望）

星垂平野闊（旅夜書懷）
浩歌淚盈把（玉華宮）
清江一曲抱邨流（江村）
天下學士亦奔波（寄柏學士林居）
人生七十古來稀（曲江二首）
此曲祇應天上有（贈花卿）

凡此類型，簡直俯拾即是，遂爲對偶文字產生的最佳條件。

至於句法方面，杜甫不同於常人者，其最大特色，乃是但以感性掌握重點，而跳出文法之外的倒裝、或濃縮的句法，如遊何氏山林：

綠垂風折筍，紅綻雨肥梅

寄岳州賈司馬巴州嚴使君：

翠乾危棧竹，紅膩小湖蓮

此所謂倒裝句也。順之，則當爲「風折筍、綠垂」，「雨肥梅、紅綻」，「危棧竹翠乾，小湖蓮紅膩」然而倒裝起來，纔顯得更爲意象鮮明，更爲矯健有力。又如洗兵馬：

萬國兵前草木風

其「草木風」三字，舊注以爲乃是用「風聲鶴唳，草木皆兵」一則故實。如果將此「草木風」三字，按字面解作「被風吹之草木」，則平日所見「風吹草木」不過尋常景象罷了；而承接於上面的「兵前」二字之下，則風吹草木皆令人產生疑懼之感矣。總之，這五個字的匆促迷亂的結合，恰好造成一種惶恐懼的感覺，乃是極成功的一種句法。

杜詩既是「一句一世界」，那麼，比「句」更大的單位「聯」所包涵的世界自然更大，所展示的景象也就更濶更多，所蘊蓄的意思也就更深更遠了。

三、屬聯

律詩句法，對偶最關重要；所謂屬聯，就是對偶的句法，不啻爲律詩之靈魂。所謂對偶，就是字數相等、語法相似、平仄相對、成雙作對的排列。此種修辭方法，客觀上緣於自然界之對稱，主觀上緣於心理之聯想作用。於是產生對比、平衡、匀稱的要求。對偶，是我國文學上的一種特色，因爲我國文字，既成方形，又是單音，可以兩兩相對而相乘表意；將相類或相反的二句，並比相偶，既整齊，又富麗；故不但於韻文中用之，即散文中亦屢見不鮮。

六朝詩風，自齊梁以下，一般士大夫，或貴遊子弟，頗注重於詩句中的音調組織，而且常以此作爲評詩的準則。因沈（約）謝（朓）等人的精研聲律，對偶之法日趨嚴密；於字面的對偶以外，更注意平仄的舛節。這種風氣，一直流行至唐初。於是，前人注意以字義相對比的造句形式，又添上一層以字音相對比的造句形式。律詩承其影響，遂由「唇吻調利」，而漸進於「屬對律切」。律詩製作，規定第二聯（所謂「頷聯」）第三聯（所謂「頸聯」）均必須偶句；但也有「首」聯與「中」二聯對偶，而「尾」聯不對偶者；也有「首」聯不對偶，而「中」二聯及「尾」聯對偶者。

自來論對偶方式的，初唐上官儀有所謂「六對」與「八對」之說。「六對」，即是正名對、同類對、連珠對、雙聲對、疊韻對、雙擬對；再加廻文對與隔句對，則爲八對。凡此，都是「屬聯」最基本的方式。近人李曰剛推衍其說，增列爲廿一類，有所謂正名、異類、隔句、長偶、假借、離合、巧對、蹉對、倒裝、流水、當句（即本句）、懸橋、虛詞、數目、雙擬、聯緜（即連珠）、互成、廻文、雙聲、疊韻、疊韻對雙聲……等諸種「裁對」方法。詳則詳矣，惜乎不免瑣碎。玆就杜詩，略舉數例，以見其概：

1.異類對：

叢菊兩開他日淚，孤舟一繫故園心（秋興）

2.隔句對：

諸公袞袞登台省，廣文先生官獨冷；

甲等紛紛慶粱肉，廣文先生飯不足。（醉時歌）

3.倒裝對：

香稻啄餘鸚鵡粒，碧梧棲老鳳凰枝（秋興詩意本謂香稻則鸚鵡啄餘之粒，碧梧乃鳳凰棲老之枝。蓋舉鸚鵡、鳳凰以形容二物之美，非實事也。若云「鸚鵡啄餘香稻粒，鳳凰棲老碧梧枝」，則實有鳳凰、鸚鵡矣。）

4.流水對：

烽火連三月，家書抵萬金（春望）

春水船如天上坐，老年花似霧中看（小寒食舟中作）

5.當句對（本句對）：

楓林橘樹丹青合，複道重樓錦繡懸（夔州歌）

6.虛詞對：

去「矣」英雄事、荒「哉」割據心（峽口詩）

7.雙擬對：

瀼東瀼西一萬家，江北江南春冬花（夔州歌）

8.聯緜對（連珠對）：

信宿漁人還「汎汎」，清秋燕子故「飛飛」（秋興）

9.雙聲對：

生涯已「寥落」，國步尚「迍邅」（夔府詠懷）

10.疊韻對：

江山城「宛轉」，棟宇客「徘徊」（上白帝城）

11.雙聲對疊韻：

風塵「荏苒」音書絕、關塞「蕭條」行路難（宿府詩）

綜合前說，對偶的最重要的原則，應是：㈠工整；㈡自然；㈢意遠。王力在「中國詩律研究」一書中頻舉杜詩爲範例；張夢機在「近體詩發凡」中，論「屬對之用」，主張：剛柔、晦明、人我、鉅細、動靜的「對比」；以及情景、有無、今昔、時空的「虛實迭用」，亦屢引杜詩爲法式，均具灼見。錢鍾書談藝錄云：「律體之有對仗，乃撮合語言，功成眷屬；愈能使不類爲類，愈見詩人心手之妙。譬如秦晉世尋干戈，竟結婚姻；胡越天限南北，可爲肝膽。然此事儷白配黃，煞費安排；有若五雀六燕，易一始等；亦須揠彼注玆，以求銖稱兩敵；庶幾妻齊，勿同耦怨。」衡以子美之屬聯工夫，適足當之無愧。對偶既如此不易，律詩也就難臻神妙，此宋人胡應麟所以有七律難能之歎，而說：「迄唐世工者不過數人，人不過數篇。」唯獨少陵七律，兼備衆妙，數量又最多（計一百五十一首），堪稱七律的第一位大作家。世所謂「杜樣」，就是指其「雄濶高渾，實大聲弘」一類，譬如：

萬里悲秋常作客
百年多病獨登臺（登高）

海內風塵諸弟隔
天涯涕淚一身遙（野望）

指麾能事廻天地
訓練强兵動鬼神（奉寄章十侍御）

旌旗日暖龍蛇動
宮殿風微燕雀高（奉和賈至舍人早朝大明宮）

錦江春色來天地
玉壘浮雲變古今（登樓）

風塵荏苒音書絕
關塞蕭條行路難（宿府）

伯仲之間見伊呂
指揮若定失蕭曹（詠懷古跡）

三峽樓臺淹日月

五溪衣被共雲山（詠懷古跡）

五更鼓角聲悲壯

三峽星河影動搖（閣夜）

明人李東陽麓堂詩話嘗謂：「唐詩類有委曲可喜之處，惟杜子美頓挫起伏，變化莫測，可駭可愕，蓋其高響與格律正相稱；回視諸作，皆在下風。」又舉例：

清絕如：胡騎中宵堪北走
　　　　武陵一曲想南征（吹笛）

富貴如：旌旗日暖龍蛇動
　　　　宮殿風微燕雀高（奉和賈至舍人早朝大明宮）

高古如：伯仲之間見伊呂
　　　　指揮若定失蕭曹（詠懷古跡）

華麗如：落花遊絲白日靜
　　　　鳴鳩乳燕青春深（題省中院壁）

斬絕如：返照入江翻石壁
　　　　歸雲擁樹失山村（返照）

奇怪如：石出倒聽楓樹下
　　櫓搖背指菊花開（送李八秘書赴杜相公幕）
瀏亮如：楚天不斷四時雨
　　巫峽長吹萬里風（暮春）
委曲如：更爲後會知何地
　　忽漫相逢是別筵（送路六侍御入朝）
俊逸如：短短桃花臨水岸
　　輕輕柳絮點人衣（十二月一日）
溫潤如：春水船如天上坐
　　老年花似霧中看（小寒食舟中作）
感慨如：王侯宅第皆新主
　　文武衣冠異昔時（秋興）
激烈如：五更鼓角聲悲壯
　　三峽星河影動搖（閣夜）
蕭散如：信宿漁人還汎汎
　　清秋燕子故飛飛（秋興）

沈着如：艱難共恨繁霜鬢

潦倒新停濁酒杯（登高）

精鍊如：客子入門月皎皎

誰家搗練風淒淒（暮歸）

慘戚如：三年笛裡關山月

萬國兵前草木風（洗兵馬）

忠厚如：周宣漢武今王是

孝子忠臣後代看（河北節度入朝）

神妙如：織女機絲虛夜月

石鯨鱗甲動秋風（秋興）

雄壯如：扶持自是神明力

正直元因造化功（古柏行）

老辣如：安得仙人九節杖

拄到玉女洗頭盆（望岳）

李氏總言：「執此以論，杜眞可謂詩家之大成者矣。」錢李二家觀點如出一轍，故前後徵引不免頗有雷同。

四、用典

往昔鍾嶸詩品，深以用典爲病。然而，詩由古體降爲近體，不能不以用典爲修辭之一助。用典有節省文字、借喻事義，含蓄情意等種種功效，其價值不容忽視。杜詩之得力處，每在詩人善用事類，故其作品能夠精深博大，根柢紮實，而「張力」甚爲可觀。黃山谷謂「杜詩無一字無來歷」，亦即指出用典乃杜詩特色之一。

王世懋藝圃擷餘說：「古詩兩漢以來，曹子建出而始爲宏肆，多生情態，此一變也。自此作者，多入史語，然不能入經語，謝靈運出而易辭莊語，無所不爲用矣；剪裁之妙，千古爲宗，又一變也。中間何、庾加工，沈宋增麗，而變態未極，七言猶以閒雅爲致。杜子美出，而百家稗官，都作雅音；馬浡牛溲，咸成鬱致，於是詩之變極矣。子美之後，而欲令人毀靚妝，張空拳，以當市肆萬人之觀，必不能也。」這說明了杜詩用典的歷史淵源，同時也指出詩歌發展過程中，語言型態之流變。從「史語」、「經語」、「易辭莊語」，到「百家稗官」、「馬浡牛溲」，用典的範圍愈變愈廣，愈變愈雜，而杜詩最爲高標。子美網羅百家之學，而運遣於毫端，其內在情性與外在知識之大融合，遂開拓了詩的新境界。

杜詩用典大致可分「用事」與「用辭」二類。所謂「用事」，是採用舊史故實，或寓言傳說，可資比況，以明詩意者。例如：

雜耕心未已，歐血事酸辛（謁先主廟）

上句典出三國志蜀志：亮與司馬懿對壘渭南，患糧不繼，分兵屯田，耕者雜於渭濱居民之間。下句典出三國志魏志：亮糧盡勢窮，憂恚嘔血。又如：

遂有山陽作，多慚鮑叔知（過斛斯校書莊）

上句典出晉書：向秀經嵇康山陽故居作思舊賦。下句典出史記：管仲曰「生我者父母，知我者鮑子。」

所謂「用辭」，是利用古典之舊語，及前賢詩文之成辭，重加修剪，引入己詩，以達意明理者。例如：

竹批雙耳峻，風入四蹄輕（房兵曹胡馬）

上句語出賈勰齊民要術：「馬耳欲小而銳，狀如斬竹筒。」以形容胡馬的雄俊。下句語出拾遺記：「曹洪騎白馬，耳中生風，足不踐地。」以贊美胡馬的善馳。又如：

荒庭垂橘柚，古屋畫龍蛇（禹廟）

上句「橘柚」語出尚書禹貢：「厥包橘柚錫貢」，原意是贊禹之事功。禹任土而貢，使荆州之地，包裹橘柚，待命而貢；本句則借以寫禹廟之實景。下句語出孟子：「禹驅龍蛇而放之菹。」原意亦在讚禹治水之功；本句則借以狀廟壁龍蛇之畫。

杜詩用典，成就十分豐富，諸將、秋興諸什，都是典故連篇，堪謂集大成。歐陽修不喜杜詩，譏子美爲「村夫子」，或緣此故，然而子美終不愧爲善用典故的大家。用俗字、方言或諺語入詩，固足見其大膽與卓識；至於用典，尤能去腐除鄙，翻陳出新。如戲題王宰東山水圖歌：

尤工遠勢古莫比，咫尺應須論萬里

兩句初看似乎不是用事，實則也有所本：梁蕭文奐善畫，於扇上畫山水，咫尺之內，便覺有萬里之遙。（見蔡條西清詩話）又如垂老別：

男兒既介冑，長揖別長官

是用漢書周亞夫傳「介冑之士不拜」的典故。新婚別：

婦女在軍中，兵氣恐不揚

是用漢書李陵傳「軍中豈有女子乎」的成語。送扶侍：

青青竹筍迎船出，日日江魚入饌來

上句用的是孟宗冬日入林求筍，筍爲之生的故事（見楚國先賢傳）；下句用的是姜詩舍宅每旦出雙鯉魚佐饌的故事（見東觀漢記）。二者都是養親盡孝的典範，用來稱「扶侍」最爲適切。

綜上以觀，可知杜詩用典之道約有四端：

㈠精切：用典的本意，在「舉事以類義，援古以證今」（文心雕龍語），是故首須精切。杜詩之剪裁舊典，必能貼合詩旨，或切事，或切情，或切物，或切景，或切地，或切人，所謂「凡用舊合機，不啻自其口出」是也。

㈡渾化：杜詩因爲用典能渾化，所以使人常不覺其句中有典實，或卽使見及典實，亦已經過詩人再創造而生新意。譬猶採花爲蜜，蜜成而不見花；釀米爲酒，酒成而必去其糟。子美之善用典故，實因積學富厚，涵泳功深之故。

㈢博大：杜詩用典，能博採群籍，舉凡經史子集、稗官野史、筆記寓言，甚至佛典、俗諺，無不作爲含咀吐納的素材，融化於篇什，而別具新意者。

㈣通變：杜詩用典，法度周備，形式繁多，已極盡變化之能事。其用事用辭之形式：在一聯之中，或全句用事，或全句用辭，或全句兼用事辭；或二句並用事，或二句並用辭；或一句用事，一句用辭。至於用典的繁簡：繁富處，或一句中連用二、三事；簡純處，則二句合用一事。其法，又有明典、藏典；本意、順移、翻轉……等各種技巧，在在顯示詩人腕底之左右逢源，沛然而莫之能禦。

五、章法

任何文藝作品，應以章法爲經，句法爲緯，縱橫排撻，始成篇幅。

沈德潛說詩晬語有云：「詩貴性情，亦須論法；亂雜無章，非詩也。……詩之章法，初學不可不知；然亦不得固執不化；所謂神而明之，存乎其人也。」所謂章法，就是詩篇的結構工夫。長篇章法之嚴整，當推杜甫。其實，杜詩在結構上，可分爲嚴整與迭宕兩方面。嚴整的章法，在自然中流露規矩，講究起、承、轉、合的程序，而顯示緘縷細密的面貌；迭宕的章法，則往往超越常規，猶如龍騰雲海，難測端倪，而呈現波瀾頓挫的氣象。茲分述如次：

㈠嚴整的章法

嚴整的章法，杜詩通常運用下列幾種手段：

第一、是「扣題綿密」。例如對雨書懷走邀許主簿：

東嶽雲峯起，溶溶滿太雲
震雷翻幕燕，驟雨落河魚
座對賢人酒，門聽長者車
相邀愧泥濘，騎馬到階除

前四句，由雲而雷而雨，從雨前敘到對雨，扣題中「對雨」二字。五、六兩句，對酒懷人，扣題中「書懷」二字。七、八兩句，則是題中的「走邀許主簿」，而加以形像化；意謂雖逢天雨，泥濘難行，但仍騎馬直到階前懇邀，可萬勿以雨爲辭。統觀八句全都緊扣本題，毫不放鬆；而題目所有的幾個字，也在詩中一一找到着落，可見其結構的嚴密。

第二，是「一字作綱」。用詩中的某一個字作綱領；其餘的字、句，概以此一綱領爲依歸。例如羌村第一首：

崢嶸赤雲西，日脚下平地
柴門鳥雀噪，歸客千里至

妻孥怪我在，驚定還拭淚
世亂遭飄蕩，生還偶然遂
鄰人滿牆頭，感嘆亦歔欷
夜闌更秉燭，相對如夢寐

吳瞻泰杜詩提要評云：「通首以驚字爲線，始而鳥雀驚，繼而妻孥驚，繼而鄰人驚，最後並自己亦驚」。一個「驚」字，貫串全部詩料：崢嶸赤雲，下地日腳，是暮景之「驚」人；鳥雀噪客，是外物之「驚」怖；妻孥怪我，是骨肉親人之「驚」疑；感嘆歔欷，是左鄰右舍之「驚」訝；夜闌相對，秉燭如夢，寫自己劫後生還的「驚」魂初定，眞耶？夢耶？這條命眞是偶然撿回來的！顯然，此詩的氣氛，是由於一個「驚」字爲綱領而造成的。但是，實際上，這個「驚」字也代替了「喜」字；而感動力卻遠勝於「喜」。

第三，是「二股交綜」。全詩有二個平行對等的意思，交互錯綜，彷彿糾合絲線成爲絲繩一般。例如舍弟觀歸藍田迎新婦送示詩：

汝去迎妻子，高秋念卻回
卽今螢已亂，好與雁同來
東望西江水，南遊北戶開
卜居期靜處，會有故人杯

杜觀既到夔州，又回藍田去迎接其婦（題目中「新婦」，在杜甫而言，卽「弟婦」。）而詩人又盼其回，題中卽有「去」與「回」二層意思，全詩也就將「去」與「回」二個平行對等的意思，交互成章。仇兆鰲云：「拈去回二字，爲通首之主。」點出本詩的結構法。詩意說：你自夔州「去」藍田接新婦，想像「回」來時該是秋深了。首聯便明示「去」「回」二字爲綱。今日「去」時，夏螢已亂；推算「回」時，將與雁同來。第三句承第一句，寫「去」時之景；第四句接第二句，寫「回」時之景：兩兩交互，十分切緊。

第五句，寫我望着你「去」，離情與西江一般悠悠東去。第六句，寫當你「回」之期，我將開着北窗，倚門長望。第七句，寫今後你應卜居幽靜之處；第八句，寫定居後自有故人來銜杯話舊的。後半四句，仍在「去」與「回」二字上廻環周旋，承接前半的語意，完成嚴整的結構。

第四，「多方照應」。是指全詩字句間的聯絡照應、廻環映帶，雖無一定的秩序，但旁行斜對，交錯鉤連，也能强化詩的有機性，造成嚴密的結構。例如送路六侍御入朝詩：

童稚親情四十年，中間消息兩茫然
更爲後會知何地，忽漫相逢是別筵
不分桃花紅似錦，生憎柳絮白於綿
劍南春色還無賴，觸忤愁人到酒邊

詩人滯留梓州之際，送路六侍御回朝。詩人與路六侍御是總角之交，回想當年童稚情親，忽忽已經四十載了！中間音訊斷絕，今日不期而會；方逢又別，未免悵惘！別筵之旁，桃花雖紅於錦，卻因念恨而無心理睬；（不分，猶云不合，分，音問。）柳絮雖白於綿，卻生怕觸景而倍增悽悲。唉！劍南地方的春色眞個無賴，竟惹惱了愁人，只得借杯解悶了！以上是全詩大意。

此詩自首至尾，「照應」的技巧甚多。朱瀚分析云：「始而相親，繼而相隔，忽而相逢，俄而相別，此一定步驟也。能翻覆照應，便覺神彩飛動。及細按之：後會無期，應消息茫然；忽漫相逢，應童稚情親。無賴，即花錦絮綿；觸忤，即不分、生憎。脈理之精密如此。」（詳註引七律解意）據此，則第三句鉤第二句，第四句應第一句，用「無賴」雙綰花柳，用「觸忤」倂結念憎。通首讀來，只覺一氣滾下；其實詩中廻環聯絡，結構十分緊密。

以上四種方法，都是造成杜詩嚴整結構的要訣。其他方法仍多，不勝遍列，此僅舉其大要而已。另有一種「連章法」，爲杜詩體裁之重大特色，殊不容忽視。此所謂「連章」，一題數首，或每首獨立成篇，不相連繫；或各首之間，前後呼應，形成嚴密的有機組織。李瑛詩法易簡錄說：「凡數首詩章法，須有次第；更須於次第排比中，得順逆錯綜之法。」即指此類體裁而言。

杜詩「連章」之作，數量可觀，現傳一千四百五十六首中，屬於「連章」的便有四百五十五首，約佔總數百分之卅一。仇滄柱云：「杜詩每章，各有起承轉合；其一題數章者，互爲起承轉合。」便已指出其中法門。

(一)迭宕的章法

至於迭宕的章法，更是杜詩結構上的最大特色。杜甫早歲嘗自許其所述作爲「沈鬱頓挫」，（見於進鵰賦表）後人遂以「沈鬱頓挫」一語，概括其畢生創作的風格。

何謂「沈鬱頓挫」？從一「沈」字，可想其如浩瀚海洋所蓄之深；從一「鬱」字，可想其如崇嶽茂林所藏之富，應指作品內在的素質而言；至於「頓挫」二字，猶言抑揚，謂辭句有停頓、轉折的變化，應指作品外在的形態而言。詩的章法，一經頓挫，立刻跌宕生姿，或反折而回，或逆轉橫接，或乍開又合，或奇正相生，自然造成有往必收，無垂不縮的結構。

迭宕的章法，特色有二：㈠波瀾不一，奇正相生。合乎此種章法的作品，必然氣象深宏，情感鬱勃；亦可見「沈鬱」與「頓挫」的不可分。㈡法度不可亂。詩中儘管波瀾疊起，奇正相生，仍有其一貫的脈絡呼應。因此，迭宕的章法，可說是嚴整章法的進級。

杜詩以「頓挫」著名的篇章，比比皆是。如樂遊園歌，開始時，敘寫華筵：

……………

公子華筵勢最高，秦川對酒平如掌……
閶闔晴開映蕩蕩，曲江翠幕排銀牓
拂水低徊舞袖翻，緣雲清切歌聲上

結尾卻急轉直下：

此身飲罷無歸處，獨立蒼茫自詠詩

此二句，不但與詩的前半部相對，而且本身還有三股力量相生相剋：「此身飲罷」是喜（但「罷」字已隱伏傷感）；「無歸處」是悲，「無歸處」承「獨立蒼茫」是淒涼，「獨立蒼茫」承「自詠詩」卻超越了淒涼悲喜，沈痛而昂揚，已經上升到悲劇精神的境界了。

又如，在贈衞八處士中，首句至第廿二句，用平易眞摯的口語閒話家常，朋友久別後的欣悅躍然紙上。結局二句，筆勢一挫：

明日隔山岳，世事兩茫茫

把前面的情境，推得更遠、更遠了。

至於閣夜，詩人收筆的手法，又不同於上述二首。開始是急管繁弦，調子越奏越高：

歲暮陰陽催短景，天涯霜雪霽寒宵，
五更鼓角聲悲壯，三峽星河影動搖
野哭千家聞戰伐，夷歌數處起漁樵

結尾時，卻復歸沈寂：

臥龍躍馬終黃土，人事音書漫寂寥

又如，聞官軍收河南河北：

劍外忽傳收薊北，初聞涕淚滿衣裳
卻看妻子愁何在，漫卷詩書喜欲狂

白日放歌須縱酒，青春作伴好還鄉
卽從巴峽穿巫峽，便下襄陽向洛陽

此詩血脈動盪，首尾渾成，全是欣喜之情。只見一片洋洋喜氣，痛快淋漓，貫注而下，卻又不直率。前半首，先曲折以蓄勢；後半首，轉而揚鞭策馬，疾馳到底。第二句是「沈鬱」，第三句是「頓挫」，第四句以下方始昂揚。其間「頓挫」之用，出以「欲縱故擒」的手段，造成「迭宕」的章法，值得玩味。

杜詩中，結構最繁複、最精密的，卻是秋興八首。連章大篇，一氣相承。巍巍峙立，有如華嶽，眞是獨步千古，雄視來者。全文如下：

秋興八首

玉露凋傷楓樹林，巫山巫峽氣蕭森。江間波浪兼天湧，塞上風雲接地陰。
叢菊兩開他日淚，孤舟一繫故園心。寒衣處處催刀尺，白帝城高急暮砧。（其一）

夔府孤城落日斜，每依北斗望京華。聽猿實下三聲淚，奉使虛隨八月槎。
畫省香爐違伏枕，山樓粉堞隱悲笳。請看石上藤蘿月，已映洲前蘆荻花。（其二）

千家山郭靜朝暉，日日江樓坐翠微。信宿漁人還汎汎，清秋燕子故飛飛。
匡衡抗疏功名薄，劉向傳經心事違。同學少年多不賤，五陵衣馬自輕肥。（其三）

聞道長安似奕碁，百年世事不勝悲。王侯第宅皆新主，文武衣冠異昔時。

直北關山金鼓振，征西車馬羽書馳。魚龍寂寞秋江冷，故國平居有所思。（其四）

蓬萊宮闕對南山，承露金莖霄漢間。西望瑤池降王母，東來紫氣滿函關。
雲移雉尾開宮扇，日繞龍鱗識聖顏。一臥滄江驚歲晚，幾回青瑣點朝班。（其五）

瞿唐峽口曲江頭，萬里風煙接素秋。花萼夾城通御氣，芙蓉小苑入邊愁。
珠簾繡柱圍黃鵠，錦纜牙檣起白鷗。回首可憐歌舞地，秦中自古帝王州。（其六）

昆明池水漢時功，武帝旌旗在眼中。織女機絲虛夜月，石鯨鱗甲動秋風。
波漂菰米沈雲黑，露冷蓮房墜粉紅。關塞極天惟鳥道，江湖滿地一漁翁。（其七）

昆吾御宿自逶迤，紫閣峯陰入渼陂。香稻啄餘鸚鵡粒，碧梧棲老鳳凰枝。
佳人拾翠春相問，仙侶同舟晚更移。綵筆昔曾干氣象，白頭吟望苦低垂。（其八）

這八首詩，以身居夔州、北望長安，道一生身心苦事爲主題。時在大歷元年（七六六）之秋。「興」，讀去聲，卽「感興」、「遣興」的意思。

四百四十八字中，空間、時間，歷史縱橫交錯；自況、思家、憂國，沈鬱頓挫的感情，輻輳穿插。情緣景興，景隨情轉，起伏張斂，搖曳多姿。詩中境界，或大或小；聲韻鏗鏘，悠揚有致。每首詩本身既首尾呼應，八首詩又彼此銜接。有時，還反覆變奏，聲音、氣氛、節奏，乃至文字的色調，都充分表現杜甫的神思。

顧況評論說：「杜甫七律，當以秋興詩爲袞領，乃一生心神結聚之所作也。前三首，詳夔州而略長安；後五首，詳長安而略夔州，此次第秩然之章法也。後五首，以瞿塘一首（按：即第六首）爲樞紐，承上長安、蓬萊二首，先宮殿而後池苑；下繼昆明、昆吾二首，先內苑而及城外。上下四首，皆前六句長安，後二句夔州；此首在中間，首聯從瞿塘引端，下六句則專言長安事，此章法變化之足法也。……此詩章法極佳，不獨後五首聯絡一氣，八首實是一篇文字；八首中又各自開闔，分之則爲八首，合之則爲一首。」

又有人以爲：第四首末句「故國平居有所思」，一面爲上四章綰合，一面爲下四章蓄勢，乃全篇八首關鍵。「有所」二字，虛籠喝起，以下「蓬萊」、「曲江」、「昆明」、「紫閣」，皆所思者。杜公用爲章法，乃藏鋒不露。

以上所作分析，對於初學之士，誠爲極有意義的規範。

六、韻律

詩，不僅是精鍊的語言，並且是音樂的語言。從歷史淵源看，詩、樂、舞，本來是三位一體的綜合藝術；後世分別發展，「節奏」卻仍爲共同的要素。劉勰文心雕龍嘗以「樂聲」比文章之音律，以音律不調爲「文家之吃」。沈約論「八病」，也說：「若得眞會者，則脣吻流利；失其要旨，則喉舌蹇難。」因此，大凡作詩，在表達思想、情感的同時，必須兼顧詩的音韻、節奏，與聲調的抑揚，譬如平仄的安排，韻腳的佈置等，都是基本工夫。

分而言之：詩的題材、意趣，是內容的問題，所謂「情文」是也；聲韻、格律，則是形式的問題，所謂「聲文」是也。前者，屬於思想範疇；後者，屬於藝術範疇。詩重音節，無論中外，均有定論；所不同者，有的注重自然的節奏，有的更顧到人工分析而成的聲韻格律，期使近乎天籟。如此，不僅有助於詩的語言本身之和諧，而且有助於思想情感的表達。

所謂「聲」，即是平、上、去、入四聲；所謂「韻」，照劉勰的解釋，即是「同聲相應」。大概齊梁間已成定論；至於把平仄用韻的方法，嚴格的規定到詩律上，則是始於唐初的沈、宋，前文已有述及。「詩聖」杜甫在這方面的努力，也最爲「驚人」。他說：

詩律羣公問（寄沈八丈）

遣辭必中律（橋陵詩）

晚節漸於詩律細（遣悶戲呈路十九曹長）

思飄雲外物，律中鬼神驚（贈鄭諫議）

因此，杜甫的律詩，固然聲調鏗鏘；即是古詩，亦是毫不拗口。關於杜詩韻律的「精嚴」，玆分從「押韻」與「調聲」兩方面稍作探討：

甲、押韻方面

㈠隨情押韻：例如平聲韻「東、冬、江、陽」等，適合於表達歡樂、開朗的情緒，而「尤、幽、侵、覃」等，則較適合於表達憂愁。試將杜甫在長安所作春望，與在梓州所作聞官軍收河南河北，兩首互作對照，便可區別。前者押「侵」部的韻，後者押「陽」部的韻，正是與詩人當時的情緒相適應。再如赴奉先詠懷與北征，兩首都是用入聲韻，這種「短而促」的啞音，正適合於表達他沈痛、鬱悒的情懷。又如遭田父泥飲一首，所押是「厲而擧」的上聲韻，也適合於描寫田父的聲音笑貌，和他自己的喜不自勝之感。

㈡平仄換韻：此法限用於古體詩。（近體詩只押平韻，而且不得換韻。）杜詩古體，有一韻到底的，也有一首換韻數次的。其基本原則，是平仄遞換。有的詩，其韻腳不僅一平一仄錯綜，而且平韻若干句，仄韻也是若干句，足見其嚴密程度；洗兵馬與丹青引，可爲範例。

按洗兵馬共四十八句，起十二句用平韻，次十二句換仄韻，又次十二句換平韻，最後十二句再換仄韻。丹青引共四十句，則每八句一換韻。如此平仄遞換的押韻法，一則可使全篇節奏調和，不致流於單調；二則也能更恰當的顯示詩人在詩境之中，思想情感的變動。

㈢使用逗韻：所謂逗韻，就是當換韻時，在上一句（「出句」或「單句」）便先押上所要押的韻，作爲第二句（「對句」或「雙句」）的一個「引子」，使讀者至此仍可順口而下，不致感到彆扭。前人已有用此方法者，但不如杜甫之嚴格。上擧洗兵馬與丹青引，均爲最典型的實例。

乙、調聲方面

一般人寫作律詩，按照固定格式「正格」或「偏格」而行，便算已盡「調聲」的能事，而特別講究「聲調」的杜甫，卻有他獨到與獨創的技巧：

㈠單句的末字，上、去、入三聲遞用：這是清初李天生的發現。朱彝尊寄查德尹編修書，擧其友李天生之說，謂：

凡五七言近體……一三五七句用仄字，少陵必隔別用之，莫有叠出者。

可知杜甫於此等處，也是重在異調，以見其律之細。李重華貞一齋詩話云：

律詩只論平仄，終身不得入門。旣講律調，同一仄聲，須細分上、去、入；應用「上」者，不得誤用「去、入」，反此亦然。

此論可爲上說補充。董文煥聲調四譜圖說亦云：

杜甫無論五律、七律，其最重要之法有二：㈠爲一句之中，四聲俱備；㈡爲第一句、第三句、第五句、第七句之末一字，不可連用兩上聲、或兩去聲、或兩入聲，必「上、去、入」相間。律詩備此二法，讀之必聲調鏗鏘，方盡四聲之妙。

這可說是眞知聲調理論了。

八句五律、或七律，如果首句押韻，則一、三、五、七句末一字，便可有「平、上、去、入」四聲遞用的情況出現。

茲擧數例於後：

1五律三聲遞用：

昔聞洞庭水（上），今上岳陽樓

吳楚東南坼（入），乾坤日夜浮
親朋無一字（去），老病有歸舟
戎馬關山北（入），憑軒涕泗流（登岳陽樓）

2.五律四聲遞用：

胡馬大宛名（平），鋒稜瘦骨成
竹批雙耳峻（去），風入四蹄輕
所向無空闊（入），眞堪託死生
驍騰有如此（上），萬里可橫行（房兵曹胡馬）

3.七律三聲遞用：

洛城一別三千里（上），胡騎長驅五六年
草木變衰行劍外（去），兵戈阻絕老江邊
思家步月清宵立（入），憶弟看雲白日眠
聞道河陽近乘勝（去），司徒急爲破幽燕（恨別）

4.七律四聲遞用：

一片飛花減却春（平），風飄萬點正愁人
且看欲盡花經眼（上），莫厭傷多酒入脣

江上小堂巢翡翠（去），苑邊高塚臥麒麟

細推物理須行樂（入），何用浮名絆此身（曲江二首其一）

考察杜甫七律一百五十一首中，首句押韻的有一百十五首，而四聲遞用的有五十六首，其詩律之精嚴可知矣。

㈡運用「雙聲」「叠韻」的複音詞：雙聲、叠韻，早已見於詩經、楚辭；有意的運用，則始於六朝；而杜甫用得最多且最精。於是，使本已具有音樂美的詩之語言，更臻順口、悅耳，更能感動人心。非但不爲行文之吃，轉見詩律之細。李重華貞一齋詩話云：

叠韻如兩玉相扣，取其鏗鏘；雙聲如貫珠相聯，取其宛轉。

這話雖說得抽象一些，卻能形容雙聲、叠韻之妙。再者，雙聲、叠韻之足以助律體平仄之音節，不僅足以助詩律之細，有時更可以補救律體的拗句。

諸如：（○表雙聲，△表叠韻，⊚表雙聲兼叠韻）

1. 卑枝低結子，接葉暗巢鶯（遊何將軍山林）
2. 束縛酬知己，蹉跎效小忠（遣悶呈嚴公）
3. 江山城宛轉，棟宇各徘徊（上白帝城）
4. 優遊謝康樂，放浪陶彭澤（石櫃閣）
5. 生涯已寥落，國步尚迍邅（夔府詠懷）

6. 無邊落木蕭蕭下，不盡長江滾滾來（登高）
7. 倉皇已就長途往，邂逅無端出餞遲（送鄭虔貶台州）
8. 流連戲蝶時時舞，自在嬌鶯恰恰啼（獨步尋花）
9. 數回細寫愁仍破，萬顆勻圓訝許同（野人送朱櫻）
10. 新松恨不高千尺，惡竹應須斬萬竿（將赴成都草堂）

㈢打破成規，自創音節：杜甫曾經創作不少拗格的近體，絕律皆備，簡稱「拗體詩」。所謂拗體，便是在平仄的組合上，打破固定的勻整格式，而自創音節的一種近體詩。以七絕而言，唐人之有拗體，固非始於杜甫（李白山中問答，四句皆拗）；然而莫盛於杜甫。毛奇齡曾評其拗律，云：「杜甫拗體，較他人獨合聲律，即諸詩皆然，始知通人必知音也。」在拗律中，有時甚至插入古詩，也是杜詩特色之一，前人所謂「律中帶古」是也。至於如何才算典型拗格？如何拗法？此處不擬詳述。

唯杜甫此一突破與創造，與他當時困頓境況有關，故用拗體來表達其不平的「拗情」。換言之，即以拗折艱澀之語，寫拂鬱苦悶之情，既得「聲情相合」之妙，復能於拗折中把握一些法度。然而，杜甫自詡「晚節漸於詩律細」，何以不顧聲律，而創造拗體呢？除了上述心理背景之外，尚有二因值得注意：一則是頗受民歌的影響，二則是他不主故常的創作態度所使然。大概由於老杜居蜀十年，詩中既用許多巴蜀當地俚語，那麼用民謠聲調來作絕句（甚或律詩），該是意中之事。況且，蜀中是「竹枝詞」的發源地，其特色與一般民歌相同，即感情眞摯、語言樸素，聲調則不嚴守詩家所謂的平仄。

再者，杜甫在廿至廿四歲時，曾遊吳越，則吳中歌謠格調，當所習知；晚年戲效其體，自有可能。今舉絕、律各一首，作爲代表，試與規定的平仄譜互爲對照，便會感覺聲調之特殊，並可窺見老杜不肯落入前人窠臼的創作精神。

夔州歌十絕句之一

中巴之東巴東山，江水開闢流其間

白帝高爲三峽鎮，瞿塘險過百牢關

暮歸

霜黃碧梧白鶴棲，城上擊柝復烏啼

客子入門月皎皎，誰家搗練風淒淒

南渡桂水闕舟楫，北歸秦川多鼓鼙

年過半百不稱意，明日看雲還杖藜

然而，這絕非杜甫故意玩弄形式主義的花樣，實有「欲不拗而不可得」（申涵光語）的驅力在。

第八章　三首「望嶽」詩淺說

杜集之中，有三首「望嶽」詩，分咏東嶽泰山、西嶽華山、與南嶽衡山。題目相同，而旨趣、情致、意境互異。杜甫咏泰山的「望嶽」詩，大約作於開元廿五年（七三七），當時廿六歲，正是「忤下考功第，獨辭京尹堂；放蕩齊趙界，裘馬頗清狂」（壯遊詩）初次兗州謁親之際。咏華山的「望嶽」詩，作於乾元元年（七五八），當係由「左拾遺」貶任「華州司功」之際，時年四十七歲。咏衡山的「望嶽」詩，作於大歷四年（七六九），時當杜甫晚歲，飄泊江湖，由潭州至衡州途中，翌年便與世長辭了。這三首詩，可以分別代表杜甫青年、中年、暮年的人生景況及心路歷程，玆依次略爲剖析如下：

一、咏泰山的「望嶽」詩

岱宗夫如何，齊魯青未了
造化鍾神秀，陰陽割昏曉
盪胸生層雲，決眥入歸鳥

會當凌絕頂，一覽衆山小

岱宗，乃泰山的別名，言其爲諸山之所宗。天下之山多矣；何以泰山獨尊？此不僅由於泰山本身的雄奇，更重要的是由於泰山乃歷史勝蹟的代表，早爲詩人所嚮往。「夫如何」三字，猶云「一部十七史，從何說起呢？」顯然爲讚歎之詞；彷彿李白的「噫吁嚱，危乎高哉！蜀道之難，難於上青天」爲其蜀道難發端。杜甫雖一題當前，心手茫然，卻又力擬千鈞，舉重若輕，終成絕妙落筆。是故，金聖歎評詩題「望嶽」二字說：「嶽字已難着語，望字何處下筆？試想先生當日有題無詩時，何等經營慘澹。」劉須溪評首句亦云：「只五字雄蓋一世。」杜甫此詩起句，確實不同凡響。凡作詩文，起句最難；猶若唱歌，起音太高或太低，都很難收場；然而李杜二人，於此皆表現其超世的天才。

當杜甫遙望巍峨的岱嶽，便深自感覺在齊魯時代，這塊土地上，早已散發出郁郁葱葱的文明光輝，蔚成中國文化的生機、及思想的主流，眼前如此蓬勃，將來亦必永將繁榮滋衍，所以說「青未了」。這個「青」字，非唯描狀山川大地之色澤，同時更是歷史文化的象徵，故陸嘉淑稱其「蘊蓄不凡」。全句除了兼具時間與空間相乘的含意，還有一種動態之美。即是說：泰山遠在周代便已「青」遍了齊魯，（泰山所象徵的文化氣息，籠罩齊魯），而今「青」的浸潤力更是深透入微，此後亦將永恆不移，歷萬世而長「青」下去！古今最偉大的文藝家，無一不是能以最經濟的素材與手法，表現最豐富的意蘊，杜甫尤其擅長。

以上是杜甫對泰山的背景所描述，接着頷聯則呈現泰山的主體，顯出：泰山之莊嚴神秀，乃是宇宙造化之所獨鍾，若非天意神力，萬萬不能有此奇觀：於是地形影響天氣，山前山後的晦明變化，皆因泰山之聳峙而判分。頸聯寫泰山，亦寫自己，必使「望者」與「被望者」彼此調和統一，方爲正解。如此則歷來評註者，儘管意見紛紜，可得折衷矣。意思是：泰山的層雲，滌盪詩人的胸際，泰山的歸鳥，盡入詩人的視野。（決眥，謂裂開目眶。綜合仇注及薛夢符注，當爲極目遠望之意。）文心雕龍神思篇說：「登山則情滿於山，觀海則意溢於海，我才之多少，將與風雲而並驅。」原來詩人「望嶽」情景交融、物我合一的逸趣，即在於此。無怪劉須溪又說：「盪胸句不必可解，登高意豁，自見其趣。」

當時，杜甫畢竟只是廿六歲的青年，正豪氣英發，壯志凌雲，他對向來企慕嚮往的天下名山，自不會滿足於「望」，必欲親履絕頂，睥睨脚下的群山，方始不負平生。是故結束二句，點明「望而未登」，自有含蓄不盡之味。不過，若把這二句詩，看作杜甫青年時期的自我期許，也很恰當。這份期許，正是他後來發揮潛力的能源，亦即執着的自愛；不然，也許他早就隨波逐流，淪爲媚世機巧之徒了。

又於詩體而言，「望岱」詩爲杜甫五古之中最短的一首，通首八句四十字，很像五律。原來這是他運用律詩句法於古詩之中的新手法；不但五古如此，七古亦然。所謂「格本前人，調由己創」，此亦一例也。

按杜甫後來確曾攀上岱頂，留有又上後園山脚詩記其事云：「昔我遊山東，憶戲東嶽陽。窮秋立日觀，矯首望八荒。……」不過暮年追憶而已。

二、咏華山的「望嶽」詩

西嶽崚嶒竦處尊，諸峯羅立似兒孫
安得仙人九節杖，拄到玉女洗頭盆
車箱入谷無歸路，箭栝通天有一門
稍待秋風涼冷後，高尋白帝問眞源

體屬七律，當爲乾元元年（七五八）所作。是年六月，詩人離朝出爲華州司功，華山卽在其地。發端卽寫西嶽的崇高，氣象宏大，是「開門見山」的筆法；再以諸峯陪襯，有烘雲托月之妙。頷聯兩句顯示「欲登」之願，實則僅出於「望」耳。「安得」二字詰問，詩人「欲登」之願的迫切，可以想見。所謂「玉女洗頭盆」，按集仙錄：「明星玉女居華山，祠前有五石臼，號曰玉女洗頭盆。其中水色碧綠澄澈，不溢不耗。」詩人翻用典故，功力精湛。故黃白山評云：「玉女洗頭盆五字本俗，先用『九節杖』引起，而句法更加森挺，有擲米丹砂之巧。」實際上，只是詩人騁其「望嶽」時之幻想，遂能點石成金，化抽象爲具體。頸聯兩句，詩人由幻想回到現實，是轉筆之運用。詩人仰望之餘，預計攀登之道：倘由「車箱谷」而入，則谷深徑險，上山容易下山難，歸路恐成問題；唯有循「箭栝道」而上，有門通天，可達絕頂；但終未付諸實行，只不過是「望嶽」時的盤算，藉以自我安慰而已。結筆寄望於秋涼後再作計議，點明「望」而未登。最後一句，以「高尋白帝問眞源」煞板，詩人宦途坎坷之情可窺一斑；寄託遙深，正不知有多少無奈；這與屈原的因放逐而「問天」，情懷頗爲相似。

人生的痛苦，每緣於現實世界的「有限」；所以追求「無限」，是人類活動的主要內涵，諸如行動之無限、精神生命之無限，幾乎成爲古今聖哲、才士共同追求的目標。杜甫在青年時代，對這種慾望之表現非常强烈，前面所擧咏泰山的「望嶽」詩一首，豪放自負，足以作爲代表。而這一首咏華山的「望嶽」詩，則顯然是中年時代因「有限」而「失志」之作。

此所謂「有限」，起於詩人的篤於友誼而好管「閒事」。他於至德二載（七五七）四月，自賊中脫歸，謁肅宗於鳳翔行在，拜「左拾遺」。當時宰相房琯自請與賊戰，敗績喪師於陳濤斜，動搖國本，行將治罪；杜甫與琯爲布衣交，抗疏救之，肅宗震怒，詔三司推問。幸繼任宰相張鎬援救，始獲免。至乾元元年（七五八）六月，貶琯爲邠州刺史，出杜甫爲華州司功參軍。翌年七月，棄官西去秦州。溯自天寶之亂以來，杜甫歷經陷長安、奔行在、喜授拾遺、放還鄜州、重返朝廷，而今再遭挫折，種種憂患，備極艱辛。詩人中年境遇，唯在拜「左拾遺」的一年間較佳。此後失意徬徨，乃至困頓秦州，輾轉入蜀，「飄泊西南天地間」，而「滿目悲生事」，詩境亦日進於沈鬱哀痛矣。

這一首咏華山的「望嶽」詩，適是反映詩人出爲華州司功時的心境。現實環境對他如此「有限」，詩人自不免厭倦宦途，思於熱鬧困境中尋覓涼冷以自療創痛。浦起龍讀杜心解云：「從貶斥失意，守望岳之神，兼有兩意：一以華頂比帝居，見遠不可到；一以華頂作仙府，將邈焉相從。蓋寄慨而兼託隱之詞也，筆力朴老。」證以翌年詩人棄官入蜀，可知此詩確是借景抒懷，意有所託了。

三、咏衡山的「望嶽」詩

南岳配朱鳥，秩禮自百王
歘吸領地靈，鴻洞半炎方
邦家用祀典，在德非馨香
巡狩何寂寥，有虞今則亡
汨吾隘世網，行邁越瀟湘
渴日絕壁出，漾舟清光旁
祝融五峯尊，峯峯次低昂
紫蓋獨不朝，爭長嶪相望
恭聞魏夫人，群仙夾翺翔
有時五峯氣，散風如飛霜
牽迫限修途，未暇杖崇岡
歸來覬命駕，沐浴休玉堂
三歎問府主，曷以贊我皇
牲壁忽衰俗，神其思降祥

體屬五古，凡十四韻。

衡山勝蹟，也是歷史文化的具體而偉大的象徵。以弘揚儒術自任的杜甫，身臨其地，豈能輕易放過其懇摯的瞻仰？當時，他由潭州取道瀟湘前往衡州，沿途面對「九向九背」綿延不絕的衡山，遂以多種角度寫下他「望」中的衡嶽景象，並藉此以興懷寄志。

此詩首尾抒發議論，中路寫景敍事。開端二句，起筆典重，謂南嶽在地理位置上，正與南方朱鳥星宿相配合，歷代帝王皆設職官崇禮之；三四兩句言南嶽，山形綿亙數百里，神異恍惚，鴻濛莫測。繼言祀嶽之典，由來已久，因思帝舜南巡故事。「在德非馨香」句，寓有諷諭之意，而以微婉之詞道之。「旨在勗時君以增修主德，勗當事以翊贊皇猷，乃爲昭格明神之本。」（見浦起龍讀杜心解）九、十兩句，詩人敍己爲世亂所驅而投荒南國，以明得「望」之因緣。自「渴日」以迄「飛霜」，一連十句，均屬寫景鏡頭，乃全篇重心所在。「渴日」句，蓋以深山少日，絕壁最高處，始見日照；日影倒映水中，猶如垂虹飲水，故曰「渴日」。以下描寫自行舟中仰望衡嶽諸峯參差低昂，祝融與紫蓋似在互爭雄長；並夾敍傳說中的南嶽夫人（即魏夫人）與群仙的故事，冥想南嶽夫人正由群仙簇擁而飛舞。「散風爲飛霜」，簡直說得神靈颯然，使人不勝寒肅。以下「牽迫限修途，未暇杖崇岡」二句，自傷遠途行役，未暇登臨，點明可「望」而不可即。末以祀嶽之意作結，與起筆「秩禮」句相應。「曷以贊吾皇」句，更見詩人天生忠愛之忱，充溢於字裡行間，正所謂「一飯未嘗忘君」是也。

浦起龍分析此詩，最爲精當中肯，獨具匠心。他說：「起八句：四就嶽言，四就祀嶽者言。擧『有虞』者，非謂當擧行巡狩，謂如『有虞』之德者鮮也。中十六句，望嶽正面：四述南來望見之由，四摹擬嶽之形勢，四想像嶽之化靈，四矢後期續覲之願。而『沐浴』句，便托起結意。結四句，與起處照應：『曷以贊』，含前所云德意；『忽衰俗』，謂但如末俗之奉行故事，是不修德而徒薦馨香者；『神其』句，反言以決其不能降祥也。」

綜觀杜甫的三首「望嶽」詩，或遒勁峻潔，氣魄雄放；或委婉緜邈，詩心曲折；或典贍雍容，胎息厚重。非徒世間人物各有個性，杜甫筆下的「山岳」亦各具一種面目、一種神態。金聖歎許其第一首「詠岱」詩，嘗稱：「嶽字已難著語，望字何處下筆？一題當前，心手茫然。」而杜甫竟能舉重若輕，先後寫成三首，俱臻於詣，且內容旨趣互異，若非：「元氣淋漓，隨物賦形」（元好問云）者，焉克有此？無怪其爲「詩聖」也。

黃白山嘗謂：岱以「小天下」立意，華以「問眞源」立意，衡以「修祀典」立意；（浦起龍所見稍異，已如前述。）而推許「咏衡」之作，爲「尤見本領」云。筆者細玩之餘，則認爲「咏岱」可以代表杜甫青年時期，光芒四射、豪放進取的人生；「咏華」可以代表杜甫中年時期，衝突掙扎、動極思靜的人生；「咏衡」可以代表杜甫暮年時期，內斂安命、與人爲善的人生。從中可窺詩人思想、意識蛻變轉型的消息，蓋亦歲月、體魄、生活、際遇各種因素使之然也。

但尚有未能已於言者，筆者個人則比較偏愛「咏岱」一詩。且看仇兆鰲注望岱詩云：「少陵以前，題咏泰山者，有謝靈運、李白之詩，……李詩六章，中有佳句，而意多重複；此詩遒勁峭刻，可以俯視兩家矣！」

仇氏固然早已有意，欲將謝、李之「咏岱」詩與杜甫互作比較，但歷代名人賢哲，有關泰山的詩賦、遊記等文學作品，單就詩歌一類而言，上自孔子、張衡、曹植、陸機、謝靈運，下至王世貞、李攀龍等人，便有三百餘家之多。其中屬於「少陵以後」者，姑置勿論；屬於「少陵以前」者，或多或少，可能爲少陵之所本。陸、謝時代較爲接近杜甫，其間胎化之跡當易探明。至於李白，固然先杜而生，年長十一歲；但據年譜推斷，李之咏岱未必在「少陵以前」，則仇注似乎尚需另加蔵訂。試觀李白遊泰山詩六首之一：

平明登日觀，舉首開雲關
精神四飛揚，如出天地間
黃河從西來，窈窕入遠山
憑崖望八極，目盡長空閒
偶然值青童，綠髮雙雲鬟
嘆我晚學仙，蹉跎凋朱顏
躊躇忽不見，浩蕩難追攀

據李白年譜，可知他於天寶元年（七四二）四月，從故御道登泰山，當時已四十二歲。由於李白常懷道家思想，有用世之志，亦有超世之心；有憂世之深情，亦有玩世之逸致。不願終爲酒隱，欲效魯仲連、諸葛亮，一展其抱負，曾先後上書於韓荊州、裴長史等，以求薦拔，而皆無結果。（奉詔應徵，授官翰林，是後來的一段幸遇。）其落寞失望，往往流露於詩篇。是故，遊泰山詩六首，都反覆抒述其虛無消極的神仙思想，與無所掛搭的哀傷，充分表現一種頹放的心境。杜甫作「望岱」詩，當時廿六歲，血氣方剛，雖遭科場失意，但始終秉持儒家「不可爲而爲」的風概，因此駿氣英發，豪情橫溢。

李詩發端四句，描寫拂曉時刻登日觀峯，舉首東望，精神飛揚，恍與天地同源，其思想顯然源於莊子；次四句，繼言廻望黃河，蜿蜒西東，隱入遠山之後，憑崖極目四望，視力及於長空之盡處。此與杜詩「決眥入歸鳥」，同爲精神之無限外馳，而盡於其視力之極限；所不同者，是杜甫終有一個着眼點，李白則全無着落，心目之中只是一片虛無飄緲！自「偶然值青童」以下，至於結束六句，只是反覆敍述，追悔自己學仙太晚，遂致無濟於事，枉費精神，而感慨系之矣。

李白其餘五首遊泰山詩，亦大致類此，篇中雖有佳句，終卻難逃「華而不實」（蘇轍評語）的指摘。六首古詩，共費四百八十字，翻來覆去重述同一內容，故仇氏評其「意多重複」。甚至有詩評家認爲李白用了四百八十字，卻遠不如杜甫四十個字所表現的富贍而蘊藉。不過，單就李杜咏岱詩，作爲批判二人詩歌造詣之依據，殊欠公允，必須照顧作品以外的相關因素，始爲中肯。

平情而論，儘管一般描寫地理、山川的作品，杜甫有時要讓李白幾分，譬如杜甫的劍門，就比不上李白寫同一地域的蜀道難。若就創作態度比較，我們倒可以說：杜甫的創作態度比李白嚴肅、認眞，其鍥而不舍的精神遠非李白可及。李白煉字工夫比不上杜甫，詩句的密度也沒有杜甫的大。李白觀察景物，沒有杜甫那麼細、那麼深。他爲人洒脫，喜歡走疏宕一路，容易產生雄偉、陽剛、壯闊、明快奔放而不可羈勒的詩篇，這也是性情所使然。李白集中，驚心動魄，令人目飫神馳的鴻篇、偉辭、麗藻固然極多，但率爾之作也不少。杜甫集中，當然也有平平之作，不過論佳篇的數量與比例，卻勝於李白。總之，李白的六首遊泰山詩，是他失敗的作品之少部分；杜甫的望岱詩，則是他上乘的作品之一。關鍵在於：感情眞摯則勝，用志不分則强，造境博大深沈則覇；反之，便不免相形見絀了。

又何以說杜甫的望岱詩，或許蛻化於陸機與謝靈運的泰山吟呢？先引陸詩前四句：

泰山一何高？迢迢造天庭
峻極周以遠，層雲鬱冥冥

再引謝詩前四句：

泰山秀維岳，崔崒刺雲天
岝崿旣險巇，觸石輒遷綿

杜甫是有意模仿陸、謝二家、抑或無意受其影響？吾人可無須細考，但杜甫憑其「讀書萬卷」「轉益多師」的一貫工夫，加以感官經驗的繁富，終成一己毫髮無憾的創造，乃屬必然之事；何況這首咏岱，確已凌越前人而鮮有後繼！

第九章　七首詠雁詩淺說

杜甫集中「咏雁」詩共有七首，皆屬近體。包括「五絕」歸雁一首，「七絕」官池春雁二首（連章）；「五律」同四首，分別是：孤雁一首，歸雁一首，及歸雁連章二首。題目同爲歸雁者逾半，都沈痛感人。按此七詩，先後成於代宗廣德元年（七六三），至大曆五年（七七〇）之間，均係詩人晚歲流落巴蜀、湖湘的作品。

杜甫咏雁，乃藉雁族本身所含的象徵意義，來表露內心的感觸。所謂象徵，就是以甲爲乙的符號，也可說是一種引伸義，根據類似的聯想而產生。雁屬候鳥，每屆秋冬，避寒於南方；春暖之後，則飛返北方故鄉。因此，飄泊不定，遷徙無常的雁，對離鄉背井的旅人遊子而言，是一種流浪無依的象徵。尤其南飛之際，正値寒氣凜冽；哀鳴淒厲，倍增客愁。雁族飛行時，或單行橫空，成「一」字形；或雙行相交，成「人」字形，謂之「雁行」或「雁陣」。而失羣落魄的「孤雁」，孑然無助，處境最是堪憐！

自古「鴻雁」連稱，詩經小雅有鴻雁篇；又如禮記月令篇：「八月鴻雁來，九月鴻雁來賓。」皆爲顯例。鴻大，雁小，其爲候鳥則一。昔賢以其具有「人道」，視之爲「高等禽類」，因此在先秦社會，雁是極貴重的禮物。從漢書蘇武傳「雁足傳書」故事以來，雁又成爲書信的代稱；後世謂「來札」曰「來鴻」，大概起源於此。然而，古書所稱的「鴻」，多指「鴻鵠」，即今之所謂「天鵝」。陸璣詩疏：「鴻鵠羽毛光澤純白，似鶴而大，長頸，肉如雁。又有小鴻，大小如鳧，色亦白，今人直謂鴻也。」揚雄所謂：「鴻飛冥冥，弋者何篡焉？」言其違患之遠，則是引伸義的發揮。

杜甫晚歲，以多病之身，長年流浪，干戈遍地，欲歸不得，觸景興懷，滿目蕭然，則飄泊異鄉之雁，簡直就是「詩人」的化身，更何況爲孤雁乎？其實，禽鳥無知，何嘗體會人意；只緣詩人「以我觀物」，因聯想而移情，取譬於雁，以雁擬人，則「雁」盡沾「我」之色彩，從而旅況的孤單、寂寞，和盤托出，流露無遺矣。

不過，杜甫咏雁，並不僅僅以抒發旅愁爲限，他往往推廣雁的象徵意義，作更深層面的寄託：或借以戒友「須防矰繳」（矰繳，猶言暗箭），此乃自「鴻飛」典實中翻出；或借以影射貪佞之輩，而見憂時之意。如此，則寄興奇崛，不同凡響矣。

玆仍依年譜所列，順序淺析七首「咏雁」如次：

官池春雁二首

自古稻粱多不足，至今鸂鶒亂爲群
且休悵望看春水，更恐歸飛隔暮雲

青春欲盡急還鄉，紫塞寧論尙有霜
翅在雲天終不遠，力微矰繳絕須防

此詩二首連章，代宗廣德元年（七六三）春，在梓州所作。觀前章「且休悵望看春水」句，後章「青春欲盡急還鄉」句，可知寫於春季。通體舊解以爲詩人將雁自比，但詳其語意，似乎是爲故友房琯謀，言欲其早退以作善全之計，蓋救時雖急，正惟恐再遭讒害也。

按舊唐書房琯傳：「寶應二年（卽廣德元年）四月，拜特進刑部尙書。」足徵此詩動機，殆爲房公而發。若然，則前章一、二兩句，隱喩朝廷仍然群小充斥，擁塞賢路；末句言「更恐歸飛隔暮雲」，蓋以房公還朝爲慮，頗有古詩「浮雲蔽白日，遊子不顧返」意味，當爲主旨所本。

後章發端「青春」句，承上啓下；次句「紫塞寧論尙有霜」，喩世局未平；第三句「翅在雲天終不遠」，謂只要「翅在」，則「雲天終不遠」，寄望惜身，略示勉勵；結句言「矰繳須防」，隱然爲房公危也。按後漢書逸民傳序：「揚雄曰：鴻飛冥冥，弋者何篡焉？」或爲杜甫此詩胎化所自。再考年譜，是年九月，詩人祭房相於閬州；翌年又有別房太尉墓之詩，可見彼此交誼之純厚。

歸雁

東來萬里客，亂定幾年歸
腸斷江城雁，高高向北飛

此詩當是代宗廣德二年（七六四）春，在成都所作。「江城」，卽指成都。「東來萬里客」，言己離鄉之遠；「亂定幾年」，乃「幾年亂定」的倒裝語，詰問蒼天何年可望亂平而歸故里也。「歸期」既不可期，當此臘盡春回之候，雁群卻能無拘無束，應時高飛北歸，而詩人久羈異鄉，苦無歸處。兩相對比，顯得人不如鳥，是故腸斷江城，悲不自勝矣！「北飛」，蓋深懷長安也。

孤雁

孤雁不飮啄　飛鳴聲念群
誰憐一片影　相失萬里雲
望盡似猶見　哀多如更聞
野鵶無意緒　鳴噪自紛紛

此詩大約作於大曆元年至二年間（七六六—七六七）。朱鶴齡嘗注：「此託孤雁以念兄弟也。」當時，杜甫流寓夔州，種植蔬菜、水果為生；與兄弟別久思深，欲歸不得，聚首無由；加以百病纏身，淒涼痛苦至極。詩人藉失群的孤雁自喻，十分貼切。禮王制云：「兄弟之齒雁行。」意卽兄弟依年齡的次序排隊，有如雁飛的行列。杜甫最篤於兄弟之情，宜其觸景興懷，因聯想而吟咏再三也。

飮與啄，都是雁的生活本能，而今竟至不飮不啄，一味哀鳴，究係何故？原來是失群之悲。詩人一開始，便予指明了！頷聯是傑出的「流水對」，詩人為孤雁設想，世間有誰憐憫形單影隻、離群高飛於萬里重雲之外的孤雁呢？爲孤雁操憂慮患，其實是替自己怨嘆。頸聯則進一步就孤雁身上着眼，言其離群既遠，盼望盡矣而飛不止，似乎猶見其群而向前追踪之；哀痛多矣而鳴不絕，彷彿更聞其伴而隨後呼叫之：二句寫「念群」之意，極情盡態如此！結束擧「野鴉」爲反襯，與孤雁構成强烈的對比；言孤雁的哀鳴無人能解，而野鴉的聒噪卻是熱鬧不休。暗示知音寥落，羈旅正苦；其渴望天倫完聚之情，不言可知。藉微物、表深意，確已臻於「物我雙寫」的妙境！

歸雁

聞道今春雁　南歸自廣州
見花辭漲海　避雪到羅浮
是物關兵氣　何時免客愁
年年霜露隔　不過五湖秋

此詩約爲大曆三年（七六八）春，在江陵所作。據唐會要載：「大曆二年，嶺南節度使徐浩奏：十一月廿五日，當管懷集縣陽雁來，乞編入史。從之。先是五嶺之外，朔雁不到，浩以爲陽爲君德，雁隨陽者，臣歸君之象也。」

按：詩中所謂「是物關兵氣，何時免客愁？」蓋徐浩以爲「祥」，詩人以爲「異」耳。史稱徐浩貪而佞，詩人則深譏之。詩人以爲雁避雪極南，實乃窮陰寒沍驅之，此卽「兵氣」所感。果爾，詩人北歸之望，愈爲渺茫，客愁永無已時矣！

此詩開始卽明言「今春」之雁，南自廣州以北歸，避寒居然逾越五嶺，向來所不到之地；雖非詩人親覩，對於傳聞亦足以令人訝異。三、四兩句所言「漲海」「羅浮」，皆在嶺外，以追溯去秋雁來之所居而鋪敍之；五、六兩句言「兵氣」「客愁」，乃全篇主眼，預告雁族避雪極南，恐係兵爭之朕兆。結束則强調年年寒季，雁至衡陽則回，纔是正常現象。末句「五湖」，當指洞庭，蓋提示洞庭向來爲避雪之鄉。

王嗣奭評云：「禽鳥得氣之先，明年潭州果有臧玠之亂，桂州又有朱濟時之亂。此與邵子『洛陽聞杜鵑』無異，可謂具先知之哲矣。」詩人深具憂患意識，其觀察力之敏銳，有如此者！

以詩藝而論，黃白山指出：「五、六兩句本屬結意，卻作中聯；七、八兩句是發端，翻爲結語。前半先言『歸』，次言『辭』，後言『到』，終乃言『不過』，章法層次倒卷，矯變異常。」尼父謂「隨心所欲不踰矩」，唯杜少陵老境有之。況且，以議論入詩，亦屬杜公本色。

歸雁二首

萬里衡陽雁，今年又北歸
雙雙瞻客上，一一背人飛
雲裡相呼疾，沙邊自宿稀

繫書元浪語　愁絕故山薇

欲雪違胡地　先花別楚雲
卻過清渭影　高起洞庭群
塞北春陰暮　江南日已曛
傷弓流落羽　行斷不堪聞

此詩二首，屬「連章」體。仇兆鰲評云：「首章見歸雁而切故鄉之思，次章傷歸雁而興漂泊之感。詠物詩，託興淒婉，並爲絕調。」按年譜探索，約爲大曆五年（七七〇）春，在潭州所作。夏，避亂入衡州，欲往郴州依舅氏，因至耒陽。詩人泝沿湘流，卒於舟次，年五十九。可知七首「咏雁」，此最爲晚出。

通常寒季，北雁南飛，不辭萬里，至衡陽爲止，待春暖而後歸，故其地有「迴雁峯」。詩人眼中，一羣羣歷經萬里長途來到衡陽避寒的雁，今年又一次北歸了。言外之意，感傷自己的久羈不歸，這是發端。頷聯，寫牠們雙雙對對，或下視客子而上騰，或避人耳目而高飛，極具動象之美；而雁陣相親相愛的情味，於孤寂的旅人適成諷刺。頸聯，寫牠們雲裡高聲相呼的團隊精神，雖有沙邊獨宿的狀況則是少見。結果，由於詩人企盼家書不至，乃不惜揭穿「雁足傳書」的故事爲謊言，這是翻案文章，創新獨妙。從而客愁彌漫故山，連那充飢續命的薇菜，恐將不堪愁苦以致絕滅了！語雖誇大，而詩人鄉愁之焦切，無以復加矣！以上粗釋首章。

次章，首聯二句：「欲雪違胡地」，追溯去年雁之來；「先花別楚雲」，言今日雁之去。頷聯，「卻過清渭影，高起洞庭群」，上句謂雁來時所經，下句謂雁去時所歷。頸聯，「塞北」「江南」二句，亦屬分貼；並寄語「春暮」「日曛」時分，旅途不可粗心大意，蓋須提防尾聯所謂「傷弓」「行斷」不測之禍也。詩人平素慘痛之人生經驗，此中可窺訊息。

七首「咏雁」之外，杜甫如苦竹、蒹葭、胡馬、病馬、促織、螢火、歸燕、鸚鵡、白小、猿、雞、麂諸詩，鍾伯敬評云：「有讚羨者、有悲憫者、有痛惜者、有懷思者、有慰藉者、有嗔怪者，有嘲笑者，有勸戒者，有計議者，有用我語詰問者，有代彼語對答者；蠢者靈，細者巨，恒者奇，默者辯，咏物至此，神佛聖賢帝王豪傑具此，難著手矣。」

其實，杜甫的詠物詩，自有其寫作要訣，前人早經拈出，如黃生杜詩說所引汪幾希語：「前後詠物諸詩，宜合作一處讀，始見杜公本領之大，體物之精，命意之遠。說物理物情，即從人事世法勘入，學到筆到，心到眼到；惟其無所不到，所以無所不盡也。」黃氏此語，深入析杜詩，而歸納出一個原則，並給詠物指出一條門徑：即從「人事世法勘入」，纔能因小見大，有所寄託；有寄託，纔生遠情，纔饒餘味。

第十章　詠懷古跡五首淺說

杜甫詠懷古蹟五首，體屬七律聯章。所懷古人五，所詠古蹟不止於五。內容包括江陵的宋玉舊居，庾信故宅，歸州的明妃村，夔州的永安宮、先主廟及武侯祠。因古蹟而追懷古人，每首分詠，並不單獨立題。本以寫景爲主，敍事爲賓，卻因觸景生情，融情入景，別有寄託焉。

以五人的遺蹟次序言，東自荆州，次則歸州，西至夔州；乍看之下，彷彿杜甫當年是經由三峽入蜀，而後寫成此詩。其實不然，杜甫入蜀，乃自同谷（今甘肅成縣）經劍門至成都；出蜀方自成都南下，經嘉州、戎州、渝州、忠州而夔州；逗留兩年有餘，始去夔出峽，而至江陵。詠懷古蹟五首，當是居江陵時所作。由訪庾信故宅，連想其地亦卽宋玉舊居；復又感懷頻年浪跡，遂循峽而西，想到歸州的昭君村，夔州的永安宮以及密邇的武侯庙。這就是何以五首詩的次序，與其行蹤相反的緣故。（錢、仇、楊諸家注本，均列之於秋興八首之後而相密接，顯然認爲居夔所作；且夔州並無庾信遺跡，何由而興懷？）

杜詩鏡詮云：「此五章乃借古跡以詠懷也。庾信避難，由建康至江陵，雖非蜀地，然曾居宋玉之宅，公之飄泊類是，故借以發端。次詠宋玉以文章同調相憐，詠明妃爲高才不遇寄慨，先主武侯則有感於君臣之際焉。」正好替我們說明了杜甫寫作這五首詩的動機。其第一首：

支離東北風塵際，飄泊西南天地間
三峽樓臺淹日月，五溪衣服共雲山
羯胡事主終無賴，詞客哀時且未還
庾信平生最蕭瑟，暮年詩賦動江關

前半首，以自敍發本，爲五章之總冒。後半首，是杜甫借庾信以自況心境。庾信仕北周，位望通顯，而常有鄉關之思，因作「哀江南賦」以寄意，自傷欲歸不得。當時杜甫歸思正切，但田園寥落、生計短絀，無奈遊食川楚，亦有欲歸不得的苦悶。哀江南賦云：「將軍一去，大樹飄零；壯士不還，寒風蕭瑟」。用大樹將軍馮異，及荆軻入秦的故事；馮卒於軍中，荆死於咸陽，並皆不還。杜甫後兩年道卒於耒陽，「庾信平生最蕭瑟」，竟成讖語！

荆州既爲宋玉舊居，則以杜甫的欽服宋玉，焉得不深有所懷？此與庾信故宅，兩處古跡，實爲一地也。於是有第二首，以追懷宋玉：

搖落深知宋玉悲，風流儒雅亦吾師
悵望千秋一灑淚，蕭條異代不同時
江山故宅空文藻，雲雨荒臺豈夢思

最是楚宮俱泯滅，舟人指點到今疑

上半首，杜甫自擬才思同於宋玉，復自悲境遇亦類宋玉。下半首，「江山故宅空文藻」，是本地風光；此下三句中，所謂「荒臺」、「楚宮」，皆在巫山（見寰宇記）。是則此章所詠懷的古跡，就有三處了。通首旨在：懷宋玉宅，歎古人不可復起，只見文彩傳世而已。頷聯「悵望」、「蕭條」兩語，是杜詩有名的流水對。

第三首，詠懷昭君村：

羣山萬壑赴荆門，生長明妃尚有村
一去紫臺連朔漠，獨留青塚向黃昏
畫圖省識春風面，環珮空歸月夜魂
千載琵琶作胡語，分明怨恨曲中論

前四句，記述遺事；後四句，兼帶傷弔。「荆門」，山名，在湖北宜都縣西北二十里，踞長江之南濱。「明妃」，卽王嬙，字昭君，秭歸人，漢元帝宮女。元帝後宮，按圖召幸，宮人皆賂畫工；王嬙自恃其貌，獨不與，畫工乃惡圖之。其後以王嬙賜匈奴和親，及入辭，光彩照人，貌爲後宮之冠。帝悔恨，窮案其事，畫工毛延壽等皆棄市，而王嬙竟行。入胡，妻呼韓邪單于；呼韓邪死，子立，復妻之。卒葬匈奴。「明妃村」，在歸州東北四十里（見一統志）。「青塚」，指昭君墓，在今綏遠歸化城南。

這一章，杜甫運用烘雲托月，步步逼近之筆法。「羣山萬壑」與「荆門」之間，下一「赴」字，便有趨蹌朝拜之意，益見荆門山之尊。試想：荆門既爲羣山萬壑所滙，應無平疇可成村落；而竟有一村，則此村之難能可貴，自不待言。或問：何以有此一村？答曰：天留此村以「生長昭君」也，詩已明言之矣。

村既因昭君而有，則昭君自高於村；村又高於荆門，荆門又高於群山萬壑。步步逼進，層次井然，昭君始儼然爲這一地帶江山之主宰。「生長昭君」之下用一「尙」字，絕妙！山川靈秀、日月精華所鍾的昭君，既然降生於羣山萬壑所滙的荆門，則上天早已安排一個宜於耕種的村落，以供昭君生長。「尙」，猶也，語氣舒徐；言外之意，昭君爲「主」，此村爲「從」。若用「竟」字，便有驚訝意外之味，彷彿倘無此村，便無昭君，則是反賓爲主，本末倒置了。

起句敍昭君的身分，從「地靈」說入，別饒深致。承上的頷聯，自須敍昭君的事蹟，但昭君既複雜又曲折的故事，用一首長歌來描寫，猶恐難盡；要納入律詩的一聯之中，幾乎是不可能的。然而杜甫舉重若輕，以「一去紫臺連朔漠，獨留青塚向黃昏」十四字概括，大開大闔，昭君生前死後的一切盡皆涵容；句內無不盡之意，句外有不盡之情。如此大手筆，在杜甫集中亦不多見。

「紫臺」典出江淹別賦：「紫臺稍遠，關山無極。」紫臺卽紫宮，皇帝所居，說昭君一入掖庭，旋卽遠嫁；「連」字，和親之意，明其促使匈奴歸附之功，亦卽昭君犧牲小我，以成大我的代價。以「青塚」對「紫臺」，眞是妙手偶得！由紫臺而青塚，由青塚而落日昏黃，以豐富的色彩觸發讀者豐富的想像，則更有領起下一聯的作用。

第二聯「畫圖省識春風面，環珮空歸月夜魂」。須知「畫圖省識春風面」，固指元帝從畫圖中去回憶昭君的容顏；「環珮空歸月夜魂」，亦指元帝的單戀之情。由於上一聯大開大闔，已盡昭君的生前死後，於是筆鋒轉向漢宮，以此一聯來寫元帝，而實際上則是以另一角度寫昭君。而元帝「省識」以後如何？自然有無窮的追悔，無限的相思；相思刻骨，則神魂顛倒。漢宮千門萬戶，月夜宮眷往來，倩影悄悄，環珮處處；在元帝只當是昭君翩然歸來，細看方知不是，故言「空歸」。

結句「千載琵琶作胡語，分明怨恨曲中論」；運用低調，令人低徊悵惘。全首：前六句是「詠」，結句是「懷」；前六句「無我」，結句「有我」；前六句，詩人都只是客觀地用「遠鏡頭」處理昭君的故事，結句忽然回視現實多少無奈，古今同慨！

第四首，因夔州永安宮古跡及先主廟，詠懷劉備：

蜀主窺吳幸三峽，崩年亦在永安宮
翠華想像空山裡，玉殿虛無野寺中
古廟杉松巢水鶴，歲時伏臘走邨翁
武侯祠屋長鄰近，一體君臣祭祀同

前四句，記述永安遺跡；後四句，記述廟景及祭享。

「蜀主窺吳」，指劉備攻孫權。蜀志說：「先主忿孫權之襲關羽，遂率諸軍伐吳，次秭歸；章武二年，敗於猇亭，由步道還魚腹，改魚腹爲永安。三年四月，殂於永安宮。」「永安宮」，在魚腹縣西四里。此首詩境淒涼黯淡，對於失敗的英雄，致其傷弔而不失敬仰，詩人之忠厚性情自見。楊倫評云：「曰幸曰崩，尊昭烈爲正統，是春秋筆法。」

第五首，因夔州武侯祠，追懷諸葛亮：

諸葛大名垂宇宙，宗臣遺像肅清高
三分割據紆籌策，萬古雲霄一羽毛
伯仲之間見伊呂，指揮若定失蕭曹
運移漢祚終難復，志決身殲軍務勞

前四句，稱其大名不朽；後四句，惜其大功不成。「宗臣」，衆所仰望的大臣、重臣。「紆籌策」曲折施其計謀韜略。「雲霄一羽毛」，言武侯才品之高，如雲霄鸞鳳；世徒以三分功業相矜，不知屈處偏隅，其胸中蘊抱百未一展，萬古而下，所及見者，特雲霄之一羽毛耳。一說：武侯才品，好比鸞鳳高翔，獨步雲霄。「伊呂」，指伊尹、呂尚。「蕭曹」，指蕭何、曹參。腹聯兩語，意謂武侯的謀略，與伊尹、呂尚不相上下，而高出蕭曹二人之上。「志決身殲」，立志堅定，以身殉職，即所謂「鞠躬盡瘁，死而後已」意。陳秋田評云：「小覷三分，抬高諸葛，一結歸之於天，識高筆老，而章法之變，直橫絕古今。」

這五首詠懷古跡，透出杜甫的一種感觸：慨於庾信當年，有家難歸；所寄託的情懷，則五首皆然：

傷漂泊，悲失志！一以貫之，五首渾如一首。而況，杜甫所懷五人，無不客死他鄉。庾信「蕭瑟」，事胡原非本意；宋玉「搖落」，悲秋亦傷邦家；照烈伐吳無功，道崩白帝；武侯鞠躬盡瘁，歿於五丈原軍中，凡此無一而非失志。其失志之甚，漂泊之遠，無過昭君。是故以「傷漂泊，悲失志」爲主題的「詠懷古跡五首」，實以關係昭君的第三首爲中心，亦以第三首最得風人之旨。

歷來推許詠懷古跡五首者極多，但或着重其一兩句，或激賞其一兩首，獨盧世㴶曾有廣泛評價。他說：「詠懷古跡五首，皆杜詩七言律之命脈根抵。子美既竭心思，以一身之全力，爲廟算運籌，爲古人寫照。又以一腔血悃，萬遍水磨，雕琢而成。不唯不可輕議，抑且不可輕讀。養氣滌腸，方能領略。人知有秋興八首，不知尚有此五首，則杜詩之所以爲杜詩，行之不著，習焉不察者，其沒埋亦不少矣！」誠爲深識之言。

第十一章　夔州詩探討

一、

杜甫在夔州，約當代宗大歷元年至三年（七六六—七六八），即五十五歲至五十七歲之間，歷時不過二載，而留下的詩作，卻有三百餘首，幾乎佔全集四分之一。他一生在飢寒流徙中，只有在成都時，故人嚴武爲成都尹，承其資助，修築草堂於浣花溪上以居住，這段日子過得比較安閒。未幾，嚴武死，蜀中局面大變，爲了避亂，只得離成都，出蜀而至夔州。去蜀詩云：

五載客蜀郡，一年居梓州

如何關塞阻，轉作瀟湘遊

世事已黃髮，殘生隨白鷗

安危大臣在，何必淚長流

去蜀初意不在夔州，而在瀟湘。當時夔州州治，在魚腹浦與西陵峽附近，東接白帝城，即今四川奉節縣城東十餘里之地。先是，杜公至雲安暫住養病，半年後乃移夔州。移居夔州作詩云：

伏枕雲安縣，遷居白帝城
春知催柳別，江與放船清
農事聞人說，山光見鳥情
禹功饒斷石，且就土微平

沿峽一帶，都是開鑿而成，鮮見平土，到夔州方稍平坦。杜公居夔二年，迄大曆三年春，始出峽適江陵。此二年間，爲平生作詩最多之時期。初在雲安本爲病困，及來夔州，病已漸減，生活安閒而單調；靜中觀物，每饒自得之趣，故作詩特多。抑且夔州地處高塞，形勢雄峙，峽中景物，固多新奇瑰麗，影響詩人胸懷，故表現也最爲突出。大凡詩思之泉源有二：非生於至動，即生於至靜。至動者，流離轉徙之際，如秦州之作，乃得於外界動盪之助力者；至靜者，如夔州之作，乃得於內在自我之體會者。抑且，杜公對詩之見解，五十一歲已臻成熟，自信力既增，益視賦詩爲畢生不朽之事業，造次必於是，顛沛必於是，隨心所欲，老而彌工。所謂「庾信平生最蕭瑟，暮年詩賦動江關」，不啻是夫子自道了。而戲爲六絕句所謂「或看翡翠蘭苕上，未掣鯨魚碧海中」，此一新境界之開拓，惟杜公自己堪以任之，故有「凡今誰是出群雄」的豪語，而隱見其「舍我其誰」之風概。杜公既然以賦詩爲己任，畢生忠於藝術，居夔以後，創作益勤且專。有云：

登臨多物色，陶冶賴詩篇（夔府詠懷）
他鄉閱春暮，不敢廢詩篇（歸）

病減詩仍拙，吟多意有餘（復愁）

此時此際，萬物森然於方寸之間，鬱勃而發，充塞宇宙者無非詩材。故杜公在夔州，幾乎無物不可入詩，無題不可爲詩，此所以開拓千古未有之詩境也。

杜詩千四百餘首，論者大抵各據詩人流寓之「地」，區分爲若干期；此非僅以「時」爲區分基準，亦由其居址不一，作品面貌卽殊之故。其所以殊異者，固由江山異態；而其情感與思想之觸發，亦未嘗不隨此山川之形勢而愈深愈厚。環境影響作品，乃是自然之理。文心雕龍所謂：「山林泉壤，實文章之奧府，屈平所以能洞監風騷之情者，抑亦江山之助乎！」以言杜公，其入夔以後之詩篇，勝境別開，載蜀山蜀水之青碧而出之者，非卽山水濬發之耶？巨刄摩天，而蒼峭密栗，若不可當，非復秦州京畿間面目矣。

不過，變有變而善、變而不善者；若杜甫夔州所作，無疑乃變而善者。所以，黃山谷與王觀復書云：「好作奇語，自是文章病，但當以理爲主。理得而辭順，文章自然出群拔萃。觀杜子美到夔州後詩，……皆不煩繩削而自合矣。」遂教人規摹老杜，尤其要規摹夔州以後之作。夔州詩中，除記述日常生活者外，最足爲代表者，有諸將五首、秋興八首、詠懷古跡五首、壯遊詩，及較具特色的口號、夔府書懷四十韻等。試從杜詩鏡銓十二卷至十八卷所錄載夔州詩三百餘首中，我們可以發現幾項特色：

㈠詩的形式方面：多見平仄格律皆合的律詩絕句，杜甫自謂「老去漸於詩律細」，可爲注脚。固然，子美所愛好的拗體律詩間亦不免，但是大體說來，與他以前的律詩相比，已經是平仄和諧、中規中矩了。齊梁詩人之所作，由自然樸實，漸漸演變成爲音節、字句都要排比的詩，這是文學趨勢所必然之境地。才智差者受此束縛，作品膚廓無味，到了杜甫夔州律詩，則是律詩發展史上空前的登峯造極。譬如他有名的秋興八首，後世皆推爲傑作中的傑作。

以詩體論，此時尤多創格。有最長的排律、有俳體、有連章。如秋日夔府詠懷寄鄭監李賓客一百韻，爲集中第一長詩，起伏轉折，能盡其妙，向來已有定評，而爲元白開其先河。元稹所驚歎爲「鋪陳終始、排比聲韻」、「屬對律切，而脫棄凡近」者，卽指此類排律。又如戲作俳諧體遣悶二首五律，其中頗用俗語：「頓頓食黃魚」、「粔籹作人情」之句，「頓頓」、「作人情」皆俚俗方言，杜甫用之而驅遣自如，此體後人亦多仿效之。至於連章：在律詩，如諸將五首、秋興八首、詠懷古跡五首；在古詩如八哀詩，皆卓絕千古。連章之組織嚴密，以諸將、秋興、及詠懷古跡最值得研究。

㈡詩的內容方面：夔州詩中，包羅各式各樣的題材。以寫實主義爲能事的杜詩，原離不開現實生活，因此他的夔州詩，正是他在夔州的生活記錄。所不同於其他詩家者，是他有所興寄：或寫景、或憶舊、或描狀氣候文物、或敍述生活起居、或詠抒己懷，或寄贈親友，甚或哀悼、解悶、小自花草樹木、鳥獸虫魚，大至父子君臣、身家社稷……幾乎無所不包，無所不寫，顯示其題材的多面性。而題材不論大小，形式不拘長短，都展現其特有的可愛風貌。譬如壯遊詩，可說就是杜公一生的自述，猶如「回憶錄」；但他並非只將內容作平鋪直敍的過程交代，卻隨處表現其襟抱，而流露一種悲天憫人的情懷；並且儘管一事數見，如敍「天寶之亂」，而語無重複，更見其才力之高妙。

此外，夔州詩的另一部分，也可說大部分，是杜甫在夔州二年間四度遷居經過與生活情形的記述。杜公初至夔州，首寓於山腰之西閣，前臨大江，白帝城卽在其東；再遷赤甲，繼徙瀼西，又移東屯，末又回住瀼西。除觀景覽物的描寫之詩外，並有雷、火、熱、病等爲題材的歌咏，其間又往往託物諷事，亦見其「比興」之功夫。當然，也有不少饒有田園風趣之作，以見其日常生活風貌：例如園一首，頗似淵明安農遺世的恬淡；又如秋野五首之二，則不但安貧樂志，更像是參憚悟道了。

㈢詩的風格方面：風格的養成，由於多種不同因素。有個人的因素，如作者的家世、氣質、敎育及年齡等均是；有非個人的因素，如作者所處時代的治亂興衰、及地方環境、社會風尚等均是。杜甫身逢戰亂，骯髒不偶，故其作品能使人「慷慨激烈、欷歔欲絕」（王世貞語）。眞正的文學藝術，是生活、時代的忠實反映，杜詩「沈鬱頓挫」的風格，卽因此而形成，這也是杜甫對自己作品風格的自知處。其峽中覽物有句云：

曾爲掾吏趨三輔，憶在潼關詩興多

往昔在潼關一帶所寫「三吏」「三別」，固然是杜甫的代表作；但在夔州所詠，數量劇增，格調也愈趨於深沈閎約，夔州詩中的七律正是最佳的證明。是故姚鼐云：「杜公七律，含天地之元氣，包古今之正變。」大概杜甫其他時期的詩風，在夔州詩中都可以看到端倪。有平淡簡易的，有精麗絕倫的，有澹泊閒靜的，也有風流蘊藉的。他利用近體詩短短的篇章，每能波瀾壯濶、氣象萬千，而多含理趣，並不因格律之精或風貌之新而流於虛華不實。所以，我們認爲杜詩是始終向前發展的，不必以

「新安吏」等六篇爲斷限，更不該說杜甫晚年就走向形式主義了。

二、

宋人黃山谷教人規摹老杜，尤其要規摹夔州以後之作，嘗稱：

> 好作奇語，自是文章病，但當以理爲主；理得而辭順，文章自然出羣拔萃。觀杜子美到夔州後詩，韓退之自潮州還朝後文章，皆不煩繩削而自合矣。

又云：

> 熟觀杜子美到夔州後古律詩，便得句法，簡易而大巧出焉。平淡而山高水深，似欲不可企及。文章成就，更無斧鑿痕，乃爲佳作耳。

是故，當日以黃山谷爲主的「江西詩派」之形成，以規摹老杜爲能事。然而，山谷此一說法，至南宋間，朱熹頗不以爲然。他說：

> 李太白始終學選詩，所以好；杜子美詩好者亦多是效選詩，漸放手；夔州諸詩則不然也。

又云：

> 杜詩初年甚精，晚年橫逆不可當，只意到處便押一個韵。如自秦州入蜀諸詩，分明如畫，乃其少作也。李太白詩非無法度，乃從容於法度，蓋聖於詩者也。

又云：

夔州以後，自出規模，不可學。

人多說杜子美夔州詩好，此不可曉；夔州詩卻說得鄭重煩絮，不如他中前有一節詩好。今人只見魯直說好，便都說好，矮人見場耳。

朱子何以獨持異議呢？無他，大概由於為詩之路數不同。朱子不尚新奇，而主蕭閒淡遠，故有此論。今觀晦翁詩，五古多學韋柳，又學選體，間亦學陳子昂。他論詩主閒淡，以為韋蘇州幾在陶杜之上。他許陶公不免於「好名」，杜則「忙」個不了。他嫌杜之夔州詩過於冗絮者，此論似頗受葉夢得之影響。夢得所撰石林詩話，以為子美「八哀八篇非集中高作，其病蓋傷於多」云。因此晦翁集中並無長古，大多為不過十韻之作而已。晦翁在理學家中，誠為能詩者，晚作尤屬粗率；早作雖頗修潔，而模擬選體之迹太著。

平心而論，筆者以為：㈠詩之為物，各有偏嗜，而學者亦各得其性之所近；晦翁喜閒暇之作，所以譏老杜為太「忙」。實則老杜極多閒適之詩，有毫無機心之作，如田舍、泛溪諸篇；有極淺易之作，如前此在草堂所詠江畔尋花絕句之類，以及在夔所賦「漫與」一體，何曾不閑淡，晦翁只未細心讀之。㈡晦翁所看重者，是詩之清處、淡處，但詩尚有其深處、厚處、重處、大處，故其說不免偏頗。杜公自言「晚節漸於詩律細」，晦翁卻置之不理。晦翁譏老杜晚年詩患在「啞」而不響，其實杜詩音節亦不一格，並非一定要響，有時故意用沈重之筆，是其「拙」處反而成其「沈鬱」之詩風，正山谷所謂「大巧」者也。

意見相左。

㈢但因晦翁詩作取徑於選體，而杜公早期之作，亦多由選詩揣摩得來，故晦翁特喜之，似有「惺惺相惜」之概。至於杜公晚歲自出規模之製，晦翁則以爲不可學，此乃對「初學作詩」者而言，與山谷意見相左。

總之，雖然兩家之說，看來相反，實不相妨。原來晦翁意在遵守舊格，側重倣古，故反對自出規模；山谷意在求得大巧，有自家面目，但要歸於平淡，不可有斧鑿痕跡。晦翁的方法，適用於未成熟者，是從學詩之過程而言，要使學者脚踏實地，不致弄巧反拙；山谷則指點如何做到成熟工夫，且開拓境界，已是進一步立說。二者分明是兩個階段，然未始不可以相輔相成也。

山谷於杜詩體會至深，尤能探其玄珠；復躬親履踐杜公所歷之境，故最是杜公知音。至巫山則和題壁之詩，抵夔峽則有八盤之詠。於杜詩所詠歌嗟歎者，俱獲體驗實證，遂致了解透徹而無出其右者。譬如杜公聞杜鵑句云：

淚下如迸泉

山谷則云：

杜鵑無血可續淚

杜云：

兩邊山木合，終日子規啼

山谷則云：

北人墮淚南人笑，青壁無梯聞杜鵑

感喟不異，落想尤新。可見山谷於杜公夔州之作，所以深加推許者，非無故而然；晦翁未履其境，自爲夢想所不及者，遂持否定的說法。

杜公夔州諸作，多含理趣；山谷之有得於杜者，卽在這個「理」字。所以說：「但當以理爲主，理得則辭順，文章自然出羣拔萃。」可謂深得其竅妙矣。

王國維人間詞話說：「客觀之詩人，不可不多閱世，閱世愈深則材料愈豐富、愈變化。……主觀之詩人，不必多閱世，閱世愈淺則性情愈眞。」這正是李杜的分野。李白是主觀的詩人，以自我爲中心，長於抒情；杜甫是客觀的詩人，以外物爲對象，長於寫實。閱世則關乎識解歷練，與年俱進，不可力强而致；杜甫夔州詩之所以多含理趣，無非由於世態勘盡，甘苦遍嘗故耳。抑且，詩家大抵少年才華艷發，吐納風流，有藻思綺合、淸麗芊眠之致；中年則風骨漸遒，精嚴華妙；及老則趨於蕭瑟。年歲不同，評斷標準亦應不同。樊樊山年七八十，猶作江城小兒女昵褻語，雖風致可憐，究非正途。是以杜甫夔州詩，或有直致疏莽處，卻正是出色當行處；或有筆意枯率處，卻是當然必至的現象；雖無復舊時豪邁沈雄之概，然亦無復爲舊時之豪邁沈雄也。

第十二章　杜詩「四季」分期提要

文學史本不宜勉强分期，但爲研究之方便，不得不然。吳經熊新著唐詩四季，對於通常分唐詩爲四個時期，所謂初唐、盛唐、中唐、晚唐，頗不爲然。他認爲大部分的盛唐，是處於「國」不「泰」、「民」不「安」的狀態下，無「盛」可言。習慣上，謂李、杜是盛唐詩人，殊嫌籠統；實際上，李、杜是屬於不同的時代，不論指詩藝或環境而言。雖然兩人出生先後只差十一年，而李白的精華在安祿山叛亂前已見風行，杜甫的傑作則是事變後的產物。職是之故，今日文學史家，分唐詩爲兩半者不乏其人：前半是李白的時代，後半是杜甫的時代；李白總括「前唐」諸詩人，杜甫則是「後唐」的先驅。這種簡潔的分法，比較具有更深的歷史意識，但亦不免有單調之失。

因此，吳氏主張唐詩可以分做春、夏、秋、冬，四個時期。春季包括初唐諸詩人，向屬所謂「盛唐」的李白與王維尤爲代表；夏季首推杜甫，包括其他「戰時」詩人；秋季有白居易、韓愈輩；冬季有李商隱、杜牧、溫庭筠、韓偓，及其他次要諸家。

季侯是先後相貫、流動遞變的，大體以觀：春，有蓬勃的朝氣，活潑的生機，與海澗天空的逍遙自在；木欣欣以向榮，泉涓涓而始流，十足表現宇宙的新氣象。夏，則充滿天地正氣，象徵英雄、豪傑的大無畏精神；其間亦不無淸風解慍、時雨滋潤的調劑。秋，則有兩種特色：一是感傷的情味，一是成熟的智慧。冬，則景色衰颯，內心慘痛，夢中有春天的復活。這四季的特徵，正合乎傳統農業社會「春耕、夏耘、秋收、冬藏」民間活動的秩序。吳氏同時也承認個體的生命，自亦有其「青春」與「老成」的區別，青春是「奔放」的時期，老成是「收斂」的時期。

準此而論，筆者以爲杜甫的一生及其詩作，又何嘗不可以「春、夏、秋、冬」四季來作區分的象徵？

胡適之先生白話文學史區分杜詩爲三期：第一期，是大亂以前的詩；第二期，是杜甫身在離亂之中的詩；第三期，是他老年寄居成都以後的詩。胡先生認爲：「八世紀下半的文學，與八世紀上半、截然不同；最不同之點，就是那嚴肅的態度，與深沈的見解。」又說：「向來論唐詩的人，都不明白這個重要的區別。他們只會籠統地誇說『盛唐』，卻不知道開元、天寶的詩人，與天寶以後的詩人，有根本上的大不同。……八世紀中葉以後的社會是個亂離的社會，故這個時代的文學是呼號愁苦的文學，是痛定思痛的文學，內容是寫實的，意境是眞實的。……這個時代的創始人與最偉大的代表是杜甫。」論旨精闢，深具卓識，蘇雪林曾稱許之爲「千餘年來未有之議論」。可能上述吳經熊氏的分期主張，即淵源於此。然而，遺憾的是，胡先生對「律詩」的看法有欠公道，而且他根本否定杜甫夔州詩的價值。所以，他對杜詩的分期，重於前而輕於後，亦即偏重詩人的思想內容，而忽視詩人的藝術成就，殊值得商榷。

陸侃如的中國詩史，則是以杜詩輯注（朱鶴齡撰）及杜詩鏡詮（楊倫撰）二十卷爲基礎，將杜詩分作四個時期來討論，較爲均勻、鮮明、客觀，因此大致可從。正由於杜詩的「四個時期」，各具不同特色，彷彿一年之中，春、夏、秋、冬四季，各有氣候及風貌之異，玆乃予以折中，分述如次：

一、春

春花燦爛的第一期，是安祿山造反（七五五）前的作品，共約一百卅餘首。這時，杜甫正當盛年（二十餘歲至四十餘歲），頗有功名之思，熱中政治，希望做個「致君堯舜上」的重臣，不獨成爲「大詩人」而已，是故作品經常自抒抱負；又熏染時人誇誕之習，詠詩往往好高自許。奉贈韋左丞丈廿二韻，說得很坦率：

甫昔少年日，早充觀國賓
讀書破萬卷，下筆如有神
賦料揚雄敵，詩看子建親
李邕求識面，王翰願卜鄰
自謂頗挺出，立登要路津

致君堯舜上，再使風俗淳

還有自京赴奉先縣詠懷五百字，也是此派口氣：

杜陵一布衣，老大意轉拙
許身一何愚，竊比稷與契……
窮年憂黎元，歎息腸內熱
取笑同學翁，浩歌彌激烈
非無江海志，瀟灑送日月
生逢堯舜君，不忍便永訣

眞是自視甚高，豪情萬丈。此外，如今夕行：

劉毅從來布衣願，家無擔石輸百萬

諸如此類，志大言大，跡近於狂；古往今來，年少才士鮮有例外，所以也不足爲怪。當時，政治腐敗，奸臣弄權，徒有抱負怎能抒展？詩人遂不免發牢騷：

此身飲罷無歸處，獨立蒼茫自咏詩（樂遊園歌）
如今豈無騕褭與驊騮，時無王良伯樂死卽休（天育驃騎歌）

結果，只好以微官自我解嘲：

耽酒須微祿，狂歌託聖朝（官定後戲贈）

其情調與當時一般的詩人，如李白、孟浩然等，並無二致。

不過，杜甫的作品，在思想上、藝術上開始趨於成熟狀態，則是寄寓長安的那幾年。當時，已是四十出頭，人生經驗日益豐富，觀察力日益細密，表達工夫也日臻完善。如兵車行、醉時歌、麗人行、秋雨歎諸篇，都是此一時期的代表作。這番熱鬧景象，多采多姿，正好用他自己的詩句來形容：

黃四娘家花滿蹊，千朵萬朵壓枝低（江畔獨步尋花七絕句）

豈不是屬於詩人的春天嗎？

二、夏

烈焰如夏、雷霆震怒的第二期，是安史亂後，到入蜀以前（七五五—七五九），作風卻顯著改變了。短短五年間，身歷百憂，流離轉徙，刻不寧處，極人生之不幸。而一般百姓所受的苦難，自爲更甚。杜甫遂放棄個人利祿的打算，換上悲天憫人的襟懷。他離開李白、孟浩然這批詩友，獨負苦難時代的寫實大責任。在亂離中的作品，計約一百四十餘首，其抒寫安史之亂的倒有一半以上。或敍當時的戰蹟：

孟冬十郡良家子，血作陳陶澤中水
野曠天清無戰聲，四萬義軍同日死（悲陳陶）
黃頭奚兒日向西，數騎彎弓敢馳突

山雪河冰野蕭瑟，青是烽煙白是骨（悲青坂）

或述喪亂的情況：

乾坤含瘡痍，憂虞何時畢
靡靡踰阡陌，人煙眇蕭瑟（北征）
落雁浮寒水，饑鳥集戍樓
市朝今日異，喪亂幾時休（晚行口號）

或自傷身世：

愁思胡笳夕，淒涼漢苑春
生還今日事，間道暫時人（喜達行在所）
麻鞋見天子，衣袖露兩肘
朝廷愍生還，親故傷老醜（述懷）

或掛念妻子：

天地軍麾滿，山河戰角悲
倘歸免相失，見日敢辭遲（遣興）
柴門鳥雀噪，歸客千里至
妻孥怪我在，驚定還拭淚（羌村）

或希望太平：

將軍專策略，幕府盛才良
近賀中興主，神兵動朔方（送靈州李判官）
喜覺都城動，悲連子女號
家家賣釵釧，祇待獻春醪（喜聞官軍已臨賊境）

或譏刺尸位：

攀龍附鳳勢莫當，天下盡化爲侯王
汝等豈知蒙帝力，時來不得誇身強（洗兵馬）
至今大河北，化作虎與豺
浩蕩想幽薊，王師安在哉（夏日歎）

而此一時期中，最重要的作品，首推「三吏」「三別」。「三吏」是新安吏、潼關吏、石壕吏；「三別」是新婚別、垂老別、無家別。此六篇，即所謂「新題樂府」，大都寫戰征不息，生靈塗炭的痛苦，是杜甫畢生成套的力作兼傑作。

乾元二年（七五九），相州（即鄴郡，舊治在今河南安陽縣）九節度之師齊潰，朝廷調兵火急、寢食不安。是年春末，杜甫自「東都」回華州，又適逢關輔大饑。當時兩京雖已先後收復，然賊馬猶充斥，到處驚惶、恐怖。杜甫沿途目擊耳聞，上憫國難、下痛民窮，遂接連作此六篇，成爲千古血淚史詩，其中石壕吏尤爲膾炙人口：

暮投石壕村，有吏夜捉人
老翁踰牆走，老婦出看門
吏呼一何怒，婦啼一何苦
聽婦前致辭，三男鄴城戍
一男附書至，二男新戰死
存者且偷生，死者長已矣
室中更無人，惟有乳下孫
孫有母未去，出入無完裙
老嫗力雖衰，請從吏夜歸
急應河陽役，猶得備晨炊
夜久語聲絕，如聞泣幽咽
天明登前途，獨與老翁別

詩敍朝廷驅盡壯丁，及於老弱，雖三男遠戍，已死其二，孫方乳，媳無裙，尚須翁踰牆，婦夜往。一家之中，父子兄弟，祖孫姑媳，慘酷至此！民不聊生之狀，躍然在目。

前此，杜甫在天寶十年所作兵車行，後世評價亦高。從「車轔轔」聲中的「牽衣頓足」起，以「

白骨無人收」的鬼「聲啾啾」結，繪下一幅有聲有色、有血有淚的「民苦行役圖」，留給人人憑弔。其間「生女猶得嫁比隣，生男埋沒隨百草」，是沈痛之至的詛咒！但較之新安吏等篇，似猶未臻其深刻。

潼關吏敍述相州大敗之後，朝廷驅民修築潼關，以備寇警，頗寓勸誡意：「請囑防關將，愼勿學哥舒。」新婚別，敍述安祿山亂後，兵連禍結、征戍所貽民間之苦。新婚隨卽離別，常分與禮義橫遭破壞，曠男怨女的沈痛心事，無比淒楚：「嫁女與征夫，不如棄路旁。結髮爲君妻，席不暖君牀。暮婚晨告別，無乃太匆忙。……今君往死地，沈痛迫中腸。」此詩，君字凡七見，新婦頻頻呼君，幾於一聲一淚。無家別敍述戰敗逃歸者，再被召令服役，河北生靈，幾無孑遺；而欲別無家，厥狀更慘：

寂寞天寶後　園廬但蒿藜
我里百餘家　世亂各東西
存者無消息　死者爲塵泥

這場大亂，眞的把整個社會的基礎，都震撼得倒塌了！

王嗣奭評「三吏」「三別」說：「此數章詩，非親見不能作；他人雖親見，亦不能作。公（指杜甫）往來東都，目擊成詩，若有神使之，遂下千年之淚。」杜甫本其愛國愛民的天性，胸中焚着正義的烈火，表現於第二期作品中，以反映安史之亂的社會，我們不難想見他血脈僨張、咬牙切齒的憤怒情狀，這不是與火傘高張的炎夏氣候相彷彿嗎？

三、秋

「秋光清凝」的第三期，是棄官入蜀（含秦州）的作品（七五九—七六五），計約五百餘首。此所謂蜀，個人以為應包括今甘肅東南隅（隴以西、渭河以南、岷山以東地區）在內。按蜀漢諸葛亮伐魏「六出祁山」，蓋卽其地；並非單指蜀郡而言，秦州自亦蜀漢範圍也。詩人此時不再寄望於唐天子了，不惜棄去華州司功末職，就是明證。初寓秦州，有秦州雜詩廿首，又寓同谷七歌，總寫他的窮困生活與家族的生死流離，極人間之悲酸痛楚。

此一時期，除寫民間疾苦的詩以外，尙有不同內容的其他作品。譬如，由秦州赴成都時，一路歌咏山川的寫景之詩。此類寫景詩，有時又一變而為咏物詩，不下數十首，體裁大都是五律。在浣花里的居宅似頗適意，故又產生不少閒適詩，構成日常生活的主調。惟杜甫的閒適詩，仍持入世的意味，不與出世的隱士之流合拍同調，而別饒恬靜、工緻、蒼勁的風格，堪稱獨樹一幟。這一蛻變歷程，恍若由「夏之烈焰」，轉為「秋的清光」；用杜甫自己的詩句來形容：第二期作品，既是「來如雷霆收震怒」（觀舞劍器行），則此第三期作品，當是「罷如江海凝清光」（觀舞劍器行）了。

前此，杜甫的絕句詩殊屬罕見，至第三期、第四期則大量製作了。他作絕句，慣用律體，胡應麟詩藪稱其「以律為絕」。有時不免稍欠流麗，然而不乏好詩，偶句亦頗出色。諸如：

江碧鳥逾白，山青花欲然

今春看又過，何日是歸年（絕句）

錦城絲管日紛紛，半入江風半入雲
此曲祇應天上有，人間能得幾回聞（贈花卿）

不如醉裡風吹盡，可忍醒時雨打稀（三絕句）

兩箇黃鸝鳴翠柳，一行白鷺上青天
窗含西嶺千秋雪，門泊東吳萬里船（絕句四首之四）

四、冬

凜冽如冬的第四期，是離蜀後，寓居夔府及飄泊湘鄂間（七六五—七七〇）的作品，計約六百餘首。此時詩人年望「花甲」，漸趨老境，頗有「烈士暮年」之概，故作風不免衰颯、感傷；但以詩藝而言，自有其登峯造極、最稱成熟而豐收的一面。此期作品，內容包含四個重點：或回憶童年，或追悼亡友，或懷念古人，或思歸故里。

回憶童年的詩，以壯遊一首最爲淋漓詳盡：

往昔十四五，出遊翰墨場
斯文崔魏徒，以我似班揚
七歲思卽壯，開口詠鳳凰

九齡書大字，有作成一囊……

下文直敘入蜀。劉後村稱：「此詩押五十六韻，在五言古風中，尤多悲壯語；雖荆卿之歌，雍門之琴，高漸離之筑，音調節奏，不如是之跌宕豪放也。」蔣弱六云：「後文說到極淒涼處，未免衰颯，卻正是烈士暮年、壯心未已之意，想見酒酣耳熱、擊碎唾壺時。……」還有昔遊：

昔者高與李，晚登單父臺……

遣懷：

昔我遊宋中，惟梁孝王都……

往在：

往在西京日，胡來滿彤宮……

夔府書懷：

昔罷河西尉，初興薊北師……

等篇，都是「自敍傳」一類之作。甚至有觀舞劍器行，追記五六歲時所觀賞的舞技。在最爲著稱，並十足代表晚年境界的秋興裡，亦寓有極其深沈的感慨：

匡衡抗疏功名薄，劉向傳經心事違

同學少年多不賤，五陵裘馬自輕肥（秋興之三）

聞道長安似弈棋，百年世事不勝悲

王侯宅第皆新主，文武衣冠異昔時（秋興之四）

俯仰身世，百感隨之，這是杜甫晚年作品的特色。

至於追悼亡友的詩，這一期較前爲多。例如存歿口號二首之二：

鄭公粉繪隨長夜，曹覇丹青已白頭

天下何曾有山水，人間不解重驊騮

此章寫一存一歿，所悼爲號稱「詩書畫三絕」的至友鄭虔。

八哀詩之一：

永繫五湖舟，悲甚田橫客

千秋汾晉間，事與雲水白

所悼爲鎮制太原的王思禮。以其撫御功深，故想見千秋之後，當與雲水長留。又八哀詩之三：

虛無馬融笛，悵望龍驤塋

空餘老賓客，身上愧簪纓

此悼舊長官鎮蜀節度使嚴武。以其嗜好音樂，可比漢之馬融；又具將才，可比晉之龍驤將軍。杜甫於嚴武感知最深，故語意較其他諸首爲切摯。又八哀詩之七：

詞場竟疏闊，平昔濫推奬

百年見存歿，牢落吾安放

此章再悼摯友鄭虔，由於交誼之篤，相知之深，少陵雋筆曲盡其妙，故最爲感人肺腑。餘如悼蘇源明哭王倫、哀李之芳、弔韋之晉等，不勝枚舉。

至於懷念古人的詩，例如：

白帝空祠廟，孤雲自往來……

勇略今安在，當年亦壯哉（上白帝城）

復漢留長策，中原仗老臣

雜耕心未已，歐血事酸辛（謁先主廟）

而最稱著者，必推詠懷古蹟：

庾信平生最蕭瑟，暮年詩賦動江關（五首其一）

搖落深知宋玉悲，風流儒雅亦吾師（五首其二）

伯仲之間見伊呂，指揮若定失蕭曹（五首其五）

他所懷念的古人，以文人與政治家爲多。語云「同聲相應，同明相照」；因爲他自己向來是個有政治抱負的文人，垂暮之年，已無伸展素志之望，只在懷古詩中借題發洩罷了。

至於倦旅思舊的詩，杜集之中，愈後愈頻，例如：

今春看又過，何日是歸年（絕句之二）

一辭故國十經秋，每見秋瓜憶故丘（解悶之三）

叢菊兩開他日淚，孤舟一繫故園心（秋興之一）

江漢思歸客，乾坤一腐儒（江漢）

洞庭秋欲雪，鴻雁將安歸（北風）

萬里衡陽雁，今年又北歸（歸雁）

老病南征日，君恩北望心（南征）

一種「鳥飛歸故鄉，狐死必首丘」的意味，隨時流露，到處可窺。論者所謂「衰颯」者，大概是指詩人暮年所反映於此類作品中的消極心態而言。若就詩藝以觀，殊不知杜甫晚歲七古詩高於五古，律絕老而彌工，可說「隨心所欲」了。「晚節漸於詩律細」、「暮年詩賦動江關」，原是詩人自道也。茲就絕句五、七言各舉一首爲例：

功蓋三分國，名成八陣圖

江流石不轉，遺恨失呑吳（八陣圖）

岐王宅裡尋常見，崔九堂前幾度聞

正是江南好風景，落花時節又逢君（江南逢李龜年）

又此期的五律，登岳陽樓一首，足爲代表：

昔聞洞庭水，今上岳陽樓

吳楚東南坼，乾坤日夜浮

親朋無一字，老病有孤舟
戎馬關山北，憑軒涕泗流

這數篇，都是膾炙人口之作。

以上就杜甫全部詩作，分成四期，以略敘梗概。第一期，溫煦如春；第二期，熾熱如夏；第三期，清凝如秋；第四期，凜冽如冬：恰似全年四季時序之更替遞變。但是蛻化過程，非可如此機械區劃，自亦有其「乍暖還寒」時候。單就內容方面而言，杜甫之詩不同於一般盛唐之詩者，乃在以反映時事、描寫現實社會的痛苦爲主調，而不以流連風月爲能事。不但「第二期」身處亂離，多屬此類作品，卽在「第一期」未亂之前，及「第三期」、「第四期」亂定之後，仍有這一方面的描寫。第一期的，如兵車行寫從征之苦，麗人行寫權貴之奢淫；第三期的，如塩井譏塩政之失，征夫寫民間的十室九空；第四期的，如舟中伏枕書懷嘆戰爭的殘酷，蠶穀行憫農耕之荒蕪等等。

以上不過略舉數端，用見一斑。少陵之爲民請命，眞個是「一息尚存，此志不懈」！往後，白居易、元稹諸賢繼起發揚，此類作品便日增月盛，蔚爲文學之新紀元。八世紀中葉以前，與中葉以後的唐詩，所以大相逕庭、互異其趣者卽在於此，而杜甫實開其端。

第十三章　餘論

——爲「杜律」遭胡大師否定而辯正

杜甫深具用世熱忱，很想建功立業；無如用世之心愈切，卻無往而不失意。所謂：

百年歌自苦，未見有知音

此生任草木，垂老獨飄萍（南征）

可見老杜晚年的感慨生哀了。但是，當時到處荊棘的環境，雖然磨折杜甫政治上的生活，卻成就杜甫文學上的造詣。我們愈憐憫他的身世，則愈尊重他的作品。我們可以斷言，假如杜甫處於太平盛世，而富貴利達，那麼，杜集裡面那種描寫社會痛苦的最精采的詩，是無從產生的。西哲尼采（F. W. Nietzsche）說：「一切文學，余愛以血書者。」杜甫的詩，眞所謂以「血」寫成的。我們研究杜詩，正是要從這種角度着眼，才看得出杜詩的偉大。

用時代文學的眼光，我們發現杜甫詩的成功有兩方面：

㈠有生活內容的悲劇敘事詩；

㈡有情感生命的新體律詩。

前者是杜詩的內容，在表現上的新境界；後者是杜詩的形體，在創造運用上的新境界。

杜甫慣於借用便於敍事的古詩體裁，描寫社會生活痛苦的一面。形體是舊的，內容則是新的，所以可說是有生活內容的悲劇敍事詩。宋人蔡寬夫詩話云：「齊、梁以來，文士喜爲樂府詞，往往失其命題本意，惟老杜兵車行、悲青坂、無家別等篇，皆因時事，自出主意立題，略不更踏前人陳迹……」是故杜詩富有民間性、正義性。在當時，是百姓的心聲；在後代，引起廣大讀者的交感共鳴，這不能不說是杜甫最大的成功。較之李白，杜甫更可說是「爲人生而藝術」的大詩人。往後的詩人白居易、元稹等，皆深受杜甫古詩的影響，但都不及杜甫的深刻動人。王漁洋論古詩謂：「惟杜甫橫絕古今；同時大匠，無敢抗行。」實非過譽。

至於新體律詩，完全是用新形體來表現新內容。原來新體詩格律甚嚴，要想在這種格律極嚴的新體詩裡，尤其是律詩，表現出活潑而深沈的情感，最不容易。雖沈（佺期）宋（之問）號稱律詩聖手，亦不過以舖張工麗著名；獨至杜甫，能將深沈而活潑的情感，無礙的注入嚴格的律詩裡，不但不露雕琢之迹，而且顯得天衣無縫，爐火純青，從中隨意抒發其歌哭、驚喜，毫無束縛，這是別的詩人所不能者，令人不禁欽服其藝術的神妙。

杜甫無疑是劃時代的偉大全能的大詩人，在藝術上的造詣，除了絕句較爲薄弱之外，其他各體俱屬兼綜衆長，難以軒輊。特別是七言律詩，最能見出獨創性的成就，可以稱之爲「七律的藍縷開疆大功臣」。清人沈德潛說：「七律，在初唐之世，還是英華乍啟，門戶未開。」能將七律這一新詩體，全面建設起來，並將唐代的詩歌藝術大大向前推進，誠不得不歸功於杜甫。換言之，各種體式的詩歌，到杜甫的時候，可以說大致都已早臻於成熟之境地，惟有七言律詩，則仍在嘗試之階段。對於其他各體詩歌，杜甫雖然亦能有所擴展與革新，但是畢竟前人之作已多，頗有足資觀摩取法的材料，惟獨對於七言律詩一體，則杜甫的成就，乃全出於一己之開拓與建立。

然而，提倡新文學的胡適之先生，在白話文學史中，儘管欣賞杜甫的「新樂府」，儘管再三推許杜甫的「詼諧風趣」，儘管稱贊杜甫創體「彈劾時政」，儘管欣賞杜甫的「田園小詩」，並特別揄揚其某些「打油詩」……所遺憾的，是胡先生評述杜甫的律詩，褒之不足而貶之有餘；尤其對於七律，完全抱持否定甚至抹殺的態度。他說：

> 老杜是律詩的大家，他的五言律和七言律都是最有名的。律詩本是一種文字遊戲，最宜於應試，應制、應酬之作；用來消愁遣悶，與圍棋踢球正同一類。老杜晚年作律詩很多，大概只是拿這件事當一種消遣的玩藝兒。……
>
> 老杜作律詩的特別長處，在於力求自然，在於用說話的自然神氣來做律詩，在於從不自然之中求自然。……
>
> 杜甫用律詩作種種嘗試，有些嘗試是很失敗的。如諸將等篇用律詩來發議論，其結果只成一些有韻的歌括，既不明白，又無詩意。秋興八首傳誦後世，其實也都是一些難懂的詩謎。
>
> 律詩很難沒有雜湊的意思與字句。大概做律詩的多是先得一兩句好詩，然後湊成一首八句的律

詩。………

胡先生的結論是：「律詩是條死路。天才如杜甫尚且失敗，何況別人？」無異宣布了律詩的死刑！適之先生的學術、德望，向來爲世崇敬，只是這個看法既欠客觀，對杜甫尤其不公平，筆者個人實在不敢苟同。

平情而論，律詩有其流弊，無庸諱言；但任何詩的體裁，落到平庸詩人的手裡，都有流弊。對於高明的詩人，不但不發生障礙，反而可以利用形式，騁其自由意象，更能發揮效果。觀乎杜甫的律詩，沒有一首不是駕馭形式，指斥自如，而表現得淋漓盡致的。若認爲律詩之拘於形式，充其量也不過如歐洲詩中的十四行體（Sonnet　）。我們不能因其有形式，就否定莎士比亞（W. Shakespeare）、密爾敦（J. Millton）、濟慈（J. Keats）諸家用十四行體之所作；同樣，我們也不能有律體，而否定杜甫、岑參、高適、王維，乃至李商隱諸家的價值。

近代人無論怎樣唾罵律詩，但其興起是我國詩史上的一大變革，乃不容否認者。律詩，乃聲律運動的產物，有其進化的自然軌跡。絕不是婦女纏足，由少數人的癖嗜所推廣而成。律詩醞釀於魏晉以後，律詩的名詞則出現於唐初。七言律詩一體，雖然在初唐，沈（佺期）宋（之問）的時候就已經成立，但是在杜甫的七律沒有出現之前，以內容言，一般作品不過是酬應、贈答之作；以技巧言，一般作品也大都是直寫平敘之句。其嚴守矩矱者，不免落於卑瑣庸俗；而意境略能超越者，則又破毀格律而不顧。因此，七律這一種新體式的長處，在杜甫以前，一直未見充分發展，也一直未獲應得的重視。

然而，鑒於自晚唐以降、兩宋以迄明清，前後一千多年，歷代名家詩集中，七律一體所佔分量之重，所得成就之大，就可知道杜甫對於七律一體的境界之擴展、價值之提高，所作的貢獻及影響，是如何深遠而值得注意了。

偏偏胡先生謂其嘗試爲失敗，譏稱律詩是死路，殊非杜甫「知音」！

不過，胡先生的出發點是可以理解的，當初他提倡白話文，曾發表「文學改良芻議」，標揭「八事」：㈠須言之有物，㈡不摹倣古人，㈢須講求文法，㈣不作無病呻吟，㈤務去爛調套語，㈥不用典㈦不講對仗，㈧不避俗字俗語。其中㈡㈢㈥㈦各項卽是針對律詩挑戰，要「革」律詩的「命」的，必期所有詩歌白話化、通俗化、實用化，才合乎他提倡新文學的宗旨，所以他不惜「棄古求新」，無視律詩的歷史性、藝術性，而欣賞「打油詩」。他的這種態度，梁實秋先生曾著新詩與傳統一文，加以中肯析論，茲照錄如下：

新詩與傳統

胡適之先生曾說：『我提倡白話文學，並未侈言革命，因爲中國文學本有一個白話文學的傳統，所以我的第一篇文章標題是：「文學改良芻議」。陳獨秀先生的態度和我不一樣，他一開始就寫了一篇「文學革命論」。』他這一番話很重要，他說明了他的基本態度，白話文學運動並不要完全背棄傳統。這和胡先生一向主張的改良主義是相符合的。他的嘗試集就是一個明證，裏面一大部分是舊詩詞，白話詩部分也沒有完全脫離舊詩詞的味道。他的詩好不好是另一問題，因爲那牽涉到他的氣質、素養、和才識，他對新詩的看法是穩健的。他曾一再抱歉的把他的白話作品比做爲『小脚放大』，嫌其不夠自然。如果我來批評胡先生的看法，我要指出他的最大的缺失是他忽略了中國文字的特性。中國的單音字，有其不便處，也有其優異處，特別適於詩，其平仄四聲之抑揚頓挫使得文字中具備了音樂性，其文辭之對仗，又自有一種勻稱華麗之美。中國詩之傳統形式，是經過若干年長久實驗而成，千錘百煉，方成定型，如律詩，結構謹嚴，『貴屬對穩，貴遣事切，貴捶字老，貴結響高』。但善詩者亦不患其拘束，例如杜工部「聞官軍收河南河北」一詩『血脈動盪，首尾渾成』，直是一氣呵成，痛快淋漓。但胡先生對律詩非常厭惡，胡先生在六十八歲那年在臺灣一次演講中國文學的演變，直斥律詩爲「下流」，可見他的主張始終沒有改變。他雖然尊重傳統，他只尊重合於他的口味的那一部分傳統。

在傳統的觀點中，杜詩原被視爲寫實派的詩，如赴奉先詠懷、北征、羌村、三吏、三別等，皆屬寫實之名作，其成就卓犖，固早已爲世公認。胡先生所指摘「諸將等篇用律詩發議論」云云，似爲杜詩缺失，殊不知以時事入詩、議論入詩，使詩散文化，使詩擴大境界，原是杜詩的特色。而況杜甫晚年的七律，所表現的「取材現實卻又超越現實」的作品，才是更可注意的造詣。即以秋興而言，乃是一種「意象化的感情」，而非「現實的感情」，故其所抒的情意，不爲一事一物所拘限而能超乎象外。同時，杜甫所用的句法（例如「紅豆啄餘鸚鵡粒，碧梧棲老鳳凰枝」之類），乃以感受之重點爲主，非以文法上的習慣爲主；對傳統彷彿是一種破壞，實際則是一種新的創建。於是，出以精鍊華妙之對偶，既保持了七律形式上的藝術要求，又脫出七律嚴格的束縛，終於完全發揮七言律詩的長處與特色，這項成功殊非其他一般詩人所可企及。縱或因注重修辭美而使人略有晦澀之感，但通過注釋，讀者仍可鉤深致遠，瞭然於詩人的旨意所寄。

進一步說，凡是藝術，都帶有幾分遊戲意味，詩歌自不例外。因爲詩歌的形式與技巧，大半來自民俗歌謠，原不免含有文字遊戲意味。詩人駕馭媒介的能力愈大，遊戲的成分也就愈多。詩人力有餘裕，便任意揮灑，顯得豪爽不羈。一個詩人在技巧上過分做工夫，固然易使作品流於輕薄纖巧；不過我們若把詩中所謂「文字遊戲」部分一筆勾銷，也未免操之過激。從學理上講，凡是眞正能夠引起美感經驗的事物，都有若干藝術價值；巧妙的文字遊戲，以及技巧的純熟運用，可以引起美感，也是不可否認的。杜甫的七律，其價值的不容抹殺，理由卽在於此。

提倡白話文者，專以文字的古今定文字的死活，這實在是偏見。試看從前許多文學作品，並非用當時的語言寫的，價值仍然不可磨滅。我們可以說，除民歌外（民歌有時也不見得全用當時流行語言），大部分的中國詩文都是用古文寫成的。

現代人做詩文，不應該學周誥、殷盤那樣詰屈聱牙，爲的是傳達的便利。不過，提倡白話者所標揭「做詩如說話」的口號，也有些危險。適之先生說過，宋詩的好處在「做詩如說話」，他開創白話詩，就是要進一步做到「做詩如說話」。所謂「做詩如說話」，大概就是說，詩要明白如話，最好要用老百姓說話的腔調來寫作，無怪「打油詩」也被大捧特捧了。結果是可以想像的，這樣的寫法，要輕鬆不難，要活潑自然也不難；要沈着，卻難了；加上老百姓的詞彙，要沈着，可更難了。——這與杜甫七律如秋興之類所表現的「超越現實的意象化」，顯然是大相逕庭的！明乎此，我們就不難瞭然胡先生的基本態度了。

時至今日，任何人都不能不承認胡先生對新文學的貢獻；但有一點必須指出的，乃是適之先生之能推陳出新，係因具有舊文學的素養。平心而論，儘管適之先生在留學時代贈詩同學，有云「寄此學者可千人，我詩君文兩無敵」，以能詩自命，但他終究只是一位哲學大師，並不能算是超越的詩人。然而，集大成的「詩聖」，正是「律聖」杜甫，畢世爲人生而藝術，自有其內在的規律。長篇短什，千彙萬狀，無不一一協律，老而彌細，至於毫髮無憾。前人之法，自我而變；後人之法，自我而開：其自任如此，後世亦信之而弗疑。故杜詩歷久彌新，光燄萬丈，孰得謂之「失敗」哉！

參考書目

1.	杜詩詳注	仇兆鰲	漢京文化公司
2.	杜詩鏡詮	楊　倫	漢京文化公司
3.	錢牧齋箋注杜詩	錢謙益	中華書局
4.	舊唐書	劉　昫	世界書局
5.	新唐書	歐陽修、宋　祁	世界書局
6.	杜甫評傳（見於「文學十家傳」）	梁容若	東海大學
7.	杜甫評傳	陳　香	國家書店
8.	杜少陵先生評傳	朱　偰	東昇出版公司
9.	杜　甫	汪　中	國家書店
10.	情聖杜甫	梁啓超	中華書局
11.	詩集傳	朱　熹	中華書局
12.	四書集註	朱　熹	藝文印書館

13. 昭明文選　蕭　統　文化圖書公司
14. 文心雕龍　劉　勰　世界書局
15. 文心雕龍研究　王更生　文史哲出版社
16. 文心雕龍之文學理論與批評　沈　謙　華正書局
17. 文心雕龍之創作論　黃春貴　文史哲出版社
18. 中國詩史　陸侃如　明倫出版社
19. 中國文學發達史　劉大杰　中華書局
20. 白話文學史　胡　適　鐘應書局
21. 中國文學批評史　郭紹虞　明倫出版社
22. 唐代詩學　正中書局編審委員會　正中書局
23. 唐詩概論　蘇雪林　商務印書館
24. 唐詩研究　胡雲翼　商務印書館
25. 唐詩散論　葉慶炳　洪範書局
26. 唐詩四季　吳經熊　洪範書局
27. 中國韻文通論　陳鐘凡　中華書局
28. 中國韻文裡所表現的情感　梁啟超　中華書局

29. 古詩十九首繹　姜任脩　學海書局
30. 古詩論、律詩論　洪爲法　經氏出版社
31. 漢語詩律學　王　力　文津出版社
32. 舊詩略論　梁春芳　正中書局
33. 古典文學論探索　王夢鷗　正中書局
34. 論李杜詩　周紹賢　中華書局
35. 泛論杜詩的內容與型式　陳　香　東方雜誌
36. 中國三大詩人新論　黃國彬　源流出版社
37. 杜甫詩中的儒家思想　黃得時　孔孟學報
38. 杜詩與日常生活　李　石　中外文學
39. 詩　藪　胡應麟　正生書局
40. 讀杜心解　浦起龍　中華書局
41. 杜　臆　王嗣奭　中華書局
42. 唱經堂杜詩解　金　喟　大通書局
43. 杜詩提要　吳瞻泰　大通書局
44. 杜律旨歸　張夢機　陳文華　學海書局

45. 杜甫七律研究與箋注　簡明勇　五洲出版社
46. 杜詩研究　劉中和　益智書局
47. 杜甫年譜新編　李書萍　西南書局
48. 杜甫作品繫年　李辰冬　東大圖書公司
49. 不廢江河萬古流　陳文華　偉文圖書公司
50. 從石壕吏看杜詩的小說性　鄭明娳　國魂（四・九）
51. 中國文學欣賞舉隅　傅庚生　開明書店
52. 文藝心理學　朱光潛　開明書店
53. 詩論　朱光潛　正中書局
54. 語文通論　朱自清　華聯出版社
55. 雅俗共賞　朱自清　開明書店
56. 談藝錄　錢鍾書　明倫出版社
57. 人間詞話　王國維　開明書店
58. 甌北詩話　趙翼　廣文書局
59. 近體詩發凡　張夢機　中華書局
60. 思齋說詩　張夢機　華正書局

61. 中國詩學（思想篇、設計篇、鑑賞篇、考據篇） 黃永武 巨流圖書公司
62. 詩 心 黃永武 三民書局
63 詩與美 黃永武 洪範書店
64. 修辭學 黃慶萱 三民書局
65. 望鄉的牧神 余光中 純文學出版社
66. 迦陵談詩 葉嘉瑩 三民書局
67. 李太白集輯注 王 琦 中華書局
68. 李白年譜 黃錫圭 學海書局
69. 白居易 邱燮友 國家書店
70. 黃山谷詩 黃公渚（選注） 商務印書館
71. 高陽說詩 高 陽 聯經出版社
72. 論夔州詩 饒宗頤 國語日報
73. 李杜詠岱詩的分析 姜一涵 華學月刊
74. 杜甫的三首望嶽詩 周冠華 藝 文 誌
75. 楚辭通釋 王夫之 廣文書局
76. 謝靈運 林文月 河洛出版社

77. 陶淵明詩文彙評　朱任生　明倫出版社
78. 杜詩句法舉隅　魯質軒　中華書局
79. 杜工部詩話集錦　丁福保（編）　中華書局
80. 全漢三國晉南北朝詩　世界書局
81. 唐詩三百首詳析　喩守眞　中華書局
82. 唐詩三百首鑑賞　黃永武　張高評　尙友出版社
83. 評注十八家詩鈔　曾國藩（選）王有宗（評註）　文源書局
84. 白石道人詩說　姜　夔　藝文印書館
85. 貞一齋詩說　李重華　藝文印書館
86. 硯傭說詩　施補華　藝文印書館
87. 詩鏡總論　陸時雍　藝文印書館
88. 中國歷代詩學通論　方子丹　大海文化公司
89. 情聖杜甫對後世詩人的影響　胡傳安　幼獅文化公司
90. 讀詩隅記　龔鵬程　華正書局
91. 文學論　韋勒克・華倫著　王夢鷗　許國衡譯　志文出版社
92. 西洋文學批評史　衞姆塞特・布魯克斯著顏元叔譯　志文出版社